ORACIONES QUE ACTIVAN LAS BENDICIONES

ORACIONES QUE ACTIVAN LAS BENDICIONES

JOHN ECKHARDT

CASA
CREACIÓN
Para vivir la Palabra

Para vivir la Palabra

MANTÉNGANSE ALERTA;
PERMANEZCAN FIRMES EN LA FE;
SEAN VALIENTES Y FUERTES.
—1 CORINTIOS 16:13 (NVI)

Oraciones que activan las bendiciones por John Eckhardt
Publicado por Casa Creación
Miami, Florida
www.casacreacion.com
Copyright © 2011 Casa Creacioń

Library of Congress Control Number: 2011930322
ISBN: 978-1-61638-316-9
E-book: 978-1-61638-511-8

Desarrollo editorial: *Grupo Nivel Uno, Inc.*
Diseño interior: *Grupo Nivel Uno, Inc.*

Publicado originalmente en inglés bajo el título:
Prayers That Activate Blessings;
por Charisma House, A Charisma Media Company
Copyright © 2011 John Eckhardt
Todos los derechos reservados.

Visite la página web del autor: www.impactnetwork.net

Impreso en Colombia

20 21 22 23 LBS 9 8 7 6 5 4 3 2 1

CONTENIDO

INTRODUCCIÓN

UNA MEJOR COMPRENSIÓN DE LA BENDICIÓN Y DE LA PROSPERIDAD

EL TEMA DE la bendición y la prosperidad se ha convertido en un asunto controversial en la Iglesia. Deseamos ser bendecidos y tener la vida abundante por la cual Cristo murió y, sin embargo, no queremos considerar a Dios como un boleto de lotería o una máquina expendedora. "Si usted invierte suficiente tiempo en oración, alabanza, adoración, fe y buenas obras, vendrá la bendición". Pero algunos consideran a Dios solamente como tal y enloquecen cuando Él no se presenta de la manera en que ellos deseaban.

La bendición y la prosperidad son más que dinero. De acuerdo con la *Concordancia de la Biblia Strong Concisa*, una palabra hebrea para prosperidad es *shalom*. A menudo asociamos la palabra *shalom* con *paz*, pero la paz por la que luchó Cristo en la cruz es una paz completa e integral. Asimismo, de acuerdo con Strong, *shalom* es "plenitud, solidez, bienestar y paz". Representa plenitud en cuantía y seguridad y

9

sanidad en su cuerpo físico. *Shalom* también abarca la relación con Dios y con los demás.

Los pensamientos de Dios con respecto a su paz y prosperidad son mucho más profundos de lo que usted puede imaginar. Su deseo es bendecirlo y prosperarlo, darle su gracia, favor y protección. *Favor* significa: "gracia"; "aquello que ofrece gozo, placer, deleite, dulzura, encanto y fascinación" y "buena voluntad, bien, largueza, recompensa". Si usted busca las definiciones en hebreo y griego de *prosperidad*, muchas de estas palabras incluyen favor.

El favor es buena voluntad. Es la benignidad y benevolencia de Dios hacia aquellos que lo aman. El favor producirá grandiosas bendiciones, entre ellas prosperidad, salud, oportunidades y avance. La Biblia registra varios ejemplos del favor de Dios sobre su pueblo al permitirles experimentar numerosos avances. El favor es la benignidad amorosa de Dios.

José experimentó el favor de Dios y fue de la prisión a un palacio. Dios llevará a cabo lo mismo por usted. Él puede cambiar sus circunstancias en un día, sin importar el punto en que se encuentre en la vida. Esto sucede cuando el favor de Dios está en su vida.

Job fue otro hombre bendecido que operó bajo el completo favor y la bendición de Dios. En Job 10:12, confesó que su vida y el favor que tuvo, provenían de Dios: "Vida y misericordia me concediste, y tu cuidado guardó mi espíritu". La vida y el favor son dones de Dios. No necesitamos suerte. Necesitamos bendición. Necesitamos favor. Necesitamos la bendición de Dios. Dios desea soltar un nuevo favor en su vida. Cuando usted tiene el favor y la bendición de Dios, no hay nada en la vida que lo pueda detener. Cuando usted comienza a caminar en el favor y la bendición del Señor, los demás lo notarán. El favor y la bendición de Dios en su vida son dos de las cosas más poderosas que usted puede recibir.

Mateo 6:33 dice: "Mas buscad primeramente el reino de Dios y su justicia, y *todas* estas cosas os serán añadidas" (énfasis añadido). Job también recibió protección. Job 29:17 dice: "Y quebrantaba los colmillos del inicuo, y de sus dientes hacía soltar la presa". Cuando fueron dispuestos los planes malvados del enemigo para Job, él tenía armas para contraatacar; entonces tomó el grande botín de su victoria.

Dios dice: "Tú no necesitas dinero. Necesitas mi favor". Usted necesita su *shalom*, la medida completa de paz, para operar en su vida. Este es el don que usted recibe si es su hijo, si usted tiene un pacto con Él. Dios bendice a su pueblo y lo rescata. Tal como lo hizo con los israelitas, Dios lo ha amado a usted y lo ha escogido a pesar de quién es y de lo que ha hecho. Usted es elegido por Dios. Usted fue escogido antes de la fundación del mundo. Él lo escogió a usted. No fue por algo que usted haya hecho. ¡Ese es su favor!

Dios le habla el pueblo de Israel en Ezequiel 16:1–14 acerca de cómo los encontró en un estado de rechazo en el que habían sido desechados y nadie los deseaba. Ellos se estaban hundiendo en su propia sangre. Pero cuando Dios se acercó a ellos les dijo: ¡VIVAN! Entonces los bendijo y los adornó con joyas. Dios le está diciendo lo mismo a usted. Posiblemente ha sido desechado para morir y no tiene oportunidad de vida. Quizá nadie lo deseaba o nació en una cuna de oro. Pero cuando Dios lo puso sus ojos en usted, Él tuvo misericordia de usted.

Dios no solamente lo salvará y lavará, sino que también lo bendecirá, lo vestirá, lo adornará con atavíos y lo engalanará. La gracia y el favor de Dios en su vida lo hará llegar a un lugar de prosperidad. Dios no solamente lo salvará, sino que también lo multiplicará y lo bendecirá.

En este libro vamos a hablar acerca de cómo obtener un pacto de bendición de Dios. Aprenderemos confesiones y oraciones basadas en la Palabra de Dios que activarán su *shalom* en nuestra vida. La lengua tiene el poder de la vida o la muerte. Podemos elegir la bendición al escoger vivir y hablar lo correcto.

Dios está listo para darle su favor, bendición, prosperidad, protección y paz. Su deseo es darle cosas buenas. Ahora prepárese para recibirlas.

DECLARACIONES DE BENDICIÓN Y FAVOR

Señor, Tú me has dado vida y favor.

Señor, te agradezco por la vida, una vida abundante.

Te agradezco por el favor que vendrá
a mi vida.
Creo que he sido predestinado para tener
una nueva vida y un nuevo favor.
Hoy recibo una nueva vida y un nuevo favor.
Creo que el favor es un regalo del cielo.
Recibo el don de la vida, el don de la vida eterna.
Recibo el don del favor y el don de la gracia
sobre mi vida en el nombre de Jesús.
Gracias, Señor, por la nueva gracia y el
nuevo favor, la nueva prosperidad y la
nueva bendición que vendrán a mi vida.
Yo soy la niña de los ojos de Dios.
Soy uno de los predilectos de Dios.
Dios me da favor, me ama y me ha
elegido desde antes de la fundación del
mundo para recibir su gracia y favor.
¡Recibo un favor extraordinario en
mi vida en el nombre de Jesús!

ORACIONES PARA OBTENER LA BENDICIÓN Y EL FAVOR DE DIOS

Permíteme tener gran favor (Génesis 39:6).

Señor, muéstrame tu misericordia y
dame favor (Génesis 39:21).

Dame favor delante de los del
mundo (Éxodo 12:36).

Sáciame de tu favor como a Neftalí
(Deuteronomio 33:23).

Permíteme ser acepto delante de ti y delante
de los hombres (1 Samuel 2:26).

Permíteme hallar gracia delante
del rey (1 Samuel 16:22).

Permíteme hallar gran favor a los
ojos del rey (1 Reyes 11:19).

Permíteme hallar gracia como Ester (Ester 2:17).

Vida y misericordia me concediste, y tu
cuidado guardó mi espíritu (Job 10:12).

Oro a ti, Señor, concédeme favor (Job 33:26).

Bendíceme y rodéame con tu favor
como con un escudo (Salmo 5:12).

En tu favor está la vida (Salmo 30:5).

Afirma mi monte con tu favor (Salmo 30:5).

El enemigo no se holgará de mí
por tu favor (Salmo 41:1).

Por tu favor, volví de la cautividad (Salmo 85:1).

Acrecienta mi poder por tu favor
(Salmo 89:17).

Mi plazo de tener favor ha llegado
(Salmo 102:13).

Yo suplico de todo corazón tu
favor (Salmo 119:58).

Que tu favor sea como nube de lluvia
tardía (Proverbios 16:15).

Que tu favor esté sobre mí como el rocío
sobre la hierba (Proverbios 19:12).

Elijo tu amoroso favor en lugar de la
plata y el oro (Proverbios 22:1).

Permíteme ser muy favorecido (Lucas 1:28).

Muéstrame tus maravillosas
misericordias (Salmo 17:7).

Acuérdate de tus piedades y misericordias
en mi vida (Salmo 25:6).

Tu misericordia está delante de
mis ojos (Salmo 26:3).

Recibo tu preciosa misericordia (Salmo 36:7).

Extiende tu misericordia en mi vida
(Salmo 36:10).

Que tus misericordias y tu verdad me
guarden siempre (Salmo 40:11).

Envía tu misericordia de día (Salmo 42:8).

Benigna es tu misericordia, mírame conforme
a la multitud de tus piedades (Salmo 69:16).

Vivifícame conforme a tu
misericordia (Salmo 119:88).

Oye mi voz conforme a tu
misericordia (Salmo 119:149).

Me has atraído con tu misericordia
(Jeremías 32:18).

CAPÍTULO 1

LA BENDICIÓN QUE VIENE POR PEDIRLA

PEDIR LO QUE necesitamos o deseamos de Dios es un principio fundamental de nuestra relación con Él como Rey y Señor de todo. Él acude a nuestro llamado. Mateo 7:7–11 lo aclara:

> Pedid, y se os dará; buscad, y hallaréis; llamad, y se os abrirá. Porque todo aquel que pide, recibe; y el que busca, halla; y al que llama, se le abrirá. ¿Qué hombre hay de vosotros, que si su hijo le pide pan, le dará una piedra? ¿O si le pide un pescado, le dará una serpiente? Pues si vosotros, siendo malos, sabéis dar buenas dádivas a vuestros hijos, ¿cuánto más vuestro Padre que está en los cielos dará buenas cosas a los que le pidan?

Los líderes del pacto de Dios comprendieron este aspecto de la relación de la humanidad con Dios y lo llevaban a cabo cuando entraban en su presencia.

JABES: "OH, SI ME DIERAS BENDICIÓN"

La historia de Jabes solamente abarca dos versículos (1 Crónicas 4:9–10), y es un poderoso recordatorio de la eficacia de la oración ferviente. La Biblia dice que Jabes era un hombre honorable, más ilustre que sus hermanos. Ser honorable y tener un corazón puro delante de Dios, siempre será importante para la manera en que Dios responde nuestras oraciones. Veremos este tema a lo largo del libro. No se trata de ser perfecto, sino de ser santo, como lo revelaremos más tarde.

La historia de Jabes muestra más tarde que él invocó al Dios de Israel pidiéndole bendición y Dios le otorgó lo que pidió. Dios le respondió a Jabes. Él no oró durante mucho tiempo, recitando la Torá y utilizando palabras extravagantes. Simplemente se presentó ante Dios y dijo: "¡Oh, si me dieras bendición, y ensancharas mi territorio, y si tu mano estuviera contigo, y me libraras del mal, para que no me dañe! Y le otorgó Dios lo que le pidió (v. 10). Él le pidió a Dios que se lo otorgara. Así de simple.

Esto nos enseña que podemos pedirle a Dios que nos bendiga y que Él nos otorgará lo que pidamos. Jabes le pidió a Dios que lo bendijera y Él lo hizo. Dios es la fuente de la bendición y su naturaleza es ser bueno con su creación. El salmista dice: "Porque Jehová es bueno; para siempre es su misericordia" (Salmo 100:5). Una revelación de la bondad de Dios producirá fe para obtener sus bendiciones.

Jacob: "No te dejaré, si no me bendices"

> Así se quedó Jacob solo; y luchó con él un varón hasta que rayaba el alba. Y cuando el varón vio que no podía con él, tocó en el sitio del encaje de su muslo, y se descoyuntó el muslo de Jacob mientras con él luchaba. Y dijo: Déjame, porque raya el alba. Y Jacob le respondió: No te dejaré, si no me bendices.
>
> —Génesis 32:24–26

Este acontecimiento en la vida de Jacob vino después de que luchó por la mujer de sus sueños. Él trabajó diligentemente por su esposa Raquel durante catorce años. Muchos de nosotros oramos una vez y nos enfadamos inmediatamente con Dios cuando Él no nos da aquello por lo que oramos. Jacob no lo hizo, él se asió de lo que sabía que Dios tenía para él al final de su trabajo. Él tenía sus ojos fijos en la bendición y no la dejaría ir hasta tenerla.

Aquí vemos a Jacob una vez más en medio de la batalla, pero esta no es una batalla física. Él está peleando con lo sobrenatural. Abraham e Isaac, los padres de las generaciones anteriores, le habían enseñado acerca del poder y la provisión del único Dios verdadero. Él sabía que al tener comunión con Él, tendría una invitación abierta para hacer una petición de bendición. Y obtuvo bendición.

Y el varón le dijo: ¿Cuál es tu nombre? Y él respondió: Jacob. Y el varón le dijo: No se dirá más tu nombre Jacob, sino Israel; porque has luchado con Dios y con los hombres, y has vencido. Entonces Jacob le preguntó, y dijo: Declárame ahora tu nombre. Y el varón respondió: ¿Por qué me preguntas por mi nombre? Y lo bendijo allí. Y llamó Jacob el nombre de aquel lugar, Peniel; porque dijo: Vi a Dios cara a cara, y fue librada mi alma.

—Génesis 32:27–30

Jacob no solamente se encontró cara a cara con Dios, sino que, por haberlo pedido, también fue bendecido con un nombre, un propósito, un futuro y un destino nuevos. Su identidad fue cambiada. Eso es lo que Dios desea hacer cuando usted se acerque a Él para obtener bendición. Él desea darle más de lo que pide, porque Él es bueno y porque sabe cómo otorgarles dádivas a sus hijos. Lo que usted le pide es solamente el comienzo de lo que Él desea hacer en su vida.

Moisés: "Te ruego que me muestres tu gloria"

Moisés anhelaba la gloria del Señor. Él deseaba habitar al abrigo del Altísimo. Buscó al Señor y Él lo conocía íntimamente: "...por cuanto has hallado gracia en mis ojos, y te he conocido por tu nombre" (Éxodo 33:17). De manera que cuando llegó el momento de que Moisés pidiera ver la gloria de Dios, no tuvo que presentar un argumento de cuán cercanos eran Dios y él. Dios conocía a Moisés por nombre. ¿Dios conoce su nombre?

> Jehová dijo a Moisés: También haré esto que has dicho, por cuanto has hallado gracia en mis ojos, y te he conocido por tu nombre. El entonces dijo: Te ruego que me muestres tu gloria. Y le respondió: Yo haré pasar todo mi bien delante de tu rostro, y proclamaré el nombre de Jehová delante de ti; y tendré misericordia del que tendré misericordia, y seré clemente para con el que seré clemente. Dijo más: No podrás ver mi rostro; porque no me verá hombre, y vivirá. Y dijo aún Jehová: He aquí un lugar junto a mí, y tú estarás sobre la peña; y cuando pase mi gloria, yo te pondré en una hendidura de la peña, y te cubriré con mi mano hasta que haya pasado. Después apartaré mi mano, y verás mis espaldas; mas no se verá mi rostro.
>
> —ÉXODO 33:17–23

El Señor hizo que su bien pasara delante de Moisés. "Bien" es la palabra *tuwb*, que significa bienes, cosas buenas, propiedad, justicia, belleza y prosperidad.

El Señor es abundante en bondad y desea darles buenas dádivas a sus hijos. Dios nos ha saciado de bienes (bendiciones). Si lo conocemos y Él nos conoce, todo lo que debemos hacer es pedírselo. Sus bendiciones son para sus hijos.

¡Cuán grande es tu bondad, que has guardado para los que te temen, que has mostrado a los que esperan en ti, delante de los hijos de los hombres!

—SALMO 31:19

ORACIONES PARA OBTENER BENDICIÓN

Señor, Tú eres la fuente de mi bendición.

Señor, elijo la bendición al caminar en tu pacto.

Señor, envía tu bendición a mi vida.

Señor, eres el Padre de las luces y otorgas buenas dádivas. Suelta de tus buenas dádivas sobre mi vida (Santiago 1:7).

Señor, confío en ti y recibo tu bendición.

Señor, pido y recibo tu bendición.

Señor, busco y hallo tu bendición.

Señor, llamo y la puerta de bendición me es abierta.

Señor, pido bendiciones en el nombre de Jesús y creo en que Tú me las otorgas.

Señor, Tú eres un Dios que bendice
y recompensa a quienes te buscan
diligentemente (Hebreos 11).

Señor, Tú eres la fuente de (vida) bendición.

Señor, Tú eres el árbol de (vida) bendición.

Señor, haz fluir tu río de bendición en mi vida.

Señor, haz llover en mi vida y
derrama sobre mí tu bendición.

Señor, suelta la bendición desde los cielos
de arriba y las bendiciones del abismo
que está abajo (Génesis 49:25).

Señor, suelta la bendición de los pechos y
del vientre en mi vida (Génesis 49:25).

Que la bendición de Abraham venga
a mi vida (Gálatas 3:13–14).

Permíteme ser bendecido con
autoridad (Génesis 49:10).

Permíteme ser una rama fructífera cuyos
vástagos se extienden sobre el
muro (Génesis 49:22).

Señor, bendice lo que hago y la obra de
mis manos (Deuteronomio 33:11).

Señor, bendice mi tierra y que el rocío de los
cielos venga sobre mí (Deuteronomio 33:13).

Señor, ensánchame como a Gad
(Deuteronomio 33:20).

Señor, sáciame de favores y lléname de tu bendición como a Neftalí (Deuteronomio 33:23).

Señor, permíteme habitar confiado y cúbreme como a Benjamín (Deuteronomio 33:12).

Permíteme chupar la abundancia de los mares y los tesoros escondidos de la tierra, como Zabulón e Isacar (Deuteronomio 33:18–19).

Permíteme cosechar al ciento por uno como Isaac (Génesis 26:12).

Permíteme ser bendecido como Jacob (Génesis 28:1).

Señor, Jabes te pidió que lo bendijeras y lo hiciste. Bendíceme como a Jabes (1 Crónicas 4:10).

Señor, bendíceme y hazme fructificar como a Ismael (Génesis 17:20).

Señor, bendíceme con una bendición que no pueda ser revocada (Números 23:20).

Bendice mi canasta y mi artesa de amasar (Deuteronomio 28:5).

Señor, bendice mi comienzo y mi final como a Job (Job 42:12).

Señor, bendíceme con favor como a Ester (Ester 2:17).

Señor bendíceme con sabiduría como a Salomón.

Señor, dame favor como a Nehemías para terminar la obra que me has encomendado (Nehemías 2:5).

Señor, bendíceme para conquistar
mi tierra como Caleb y Josué.

Señor, permíteme ganar cada batalla
como David.

ORACIONES PARA LA BENDICIÓN DE BIEN

Recibo tus bendiciones de bien,
tu pones una corona de oro fino
sobre mi cabeza (Salmo 21:3).

Me alegraré por tu bondad (Éxodo 18:9).

Que tu bien pase delante de mi
rostro (Éxodo 33:19).

Tu grande misericordia vino a
mi vida (Éxodo 34:6).

Que tu promesa de bien sea cumplida
en mi vida (2 Samuel 7:28).

Permíteme alegrarme y gozarme por
tu bondad (1 Reyes 8:66).

Me regocijaré en tu bondad (2 Crónicas 6:41).

Permíteme deleitarme en tu gran
bondad (Nehemías 9:25).

Que el bien y la misericordia me sigan
todos los días de mi vida, porque Tú eres
mi pastor y nada me faltará (Salmo 23).

Conforme a tu misericordia
acuérdate de mí (Salmo 25:7).

Buscaré tu bondad en la tierra de
los vivientes (Salmo 27:13).

Señor, has guardado tu gran bondad
para mí (Salmo 31:19).

Que tu bondad continúe en mi vida (Salmo 52:1).

Corona mi año con tus bienes y que tus
nubes destiles grosura (Salmo 65:11).

Seré saciado del bien de tu casa (Salmo 65:4).

Te alabaré por tu misericordia y por tus
maravillas en mi vida (Salmo 107:8).

Llena de bien mi alma (Salmo 107:9).

Recibo tus misericordias y multitud
de piedades (Isaías 63:7).

Condúceme a la tierra de abundancia y
permíteme disfrutar tu bien (Jeremías 2:7).

Permíteme gozar tu bondad, Señor;
el pan, el vino y el aceite (Jeremías 31:12).

Satisfaz mi alma con abundancia y permíteme
saciarme de tu bien (Jeremías 31:14).

Que los hombres oigan del bien y la prosperidad
que Tú das a mi vida (Jeremías 33:9).

Que tu bondad sea como la nube de la mañana
y como el rocío de la madrugada (Oseas 6:4).

Alégrame con tu bondad (Zacarías 9:17).

He gustado y sabido que Tú
eres bueno (Salmo 34:8).

No me faltará ningún bien (Salmo 34:10).

Haz bien con tu benevolencia a mí
(Salmo 51:18).

Señor, no me quites el bien (Salmo 84:11).

Señor, dame el bien y permíteme
dar fruto (Salmo 85:12).

Haz conmigo señal para bien (Salmo 86:17).

Sacia de bien mi boca, de modo que me
rejuvenezcas como el águila (Salmo 103:5).

Abre tu mano y sáciame de bien (Salmo 104:28).

Bendíceme desde Sion y permíteme
ver el bien (Salmo 128:5).

Permíteme ser saciado de bien por el
fruto de mi boca (Proverbios 12:14).

ORACIONES DE ABUNDANCIA Y AVANCE

Señor, permite que llegue lo que espero y que
sea un árbol de vida (Proverbios 13:12).

Que el entendimiento sea un manantial
de vida para mí (Proverbios 16:22).

Señor, que el temor de ti me de vida
(bendición); lléname y no permitas que
sea visitado de mal (Proverbios 19:23).

Señor, que la humildad y el temor de
ti traigan riquezas, vida (bendición)
y honra (Proverbios 22:4).

Viviré y no moriré, y declararé la obra del Señor.

Señor, muéstrame la senda de la vida; en tu presencia hay plenitud de gozo; delicias a tu diestra para siempre (Salmo 16:11).

Señor, dame vida y largura de días (Salmo 21:4).

Señor, dame tu favor, porque tu favor es vida (Salmo 30:5).

Porque contigo está el manantial de la vida; en tu luz veremos la luz (Salmo 36:9).

Que tu sabiduría sea un árbol de vida para mí (Proverbios 3:18).

Que tus palabras sean vida a mi alma y gracia a mi cuello (Proverbios 3:22).

Retendré el consejo, porque eso es mi vida (Proverbios 4:13).

He hallado la sabiduría, he hallado la vida y he alcanzado tu favor (Proverbios 8:35).

Señor, has salvado mi vida de la destrucción. Me coronas de favores y misericordias (Salmo 103:4).

Permíteme disfrutar la bendición de la plenitud y la multiplicación (Génesis 1:22).

Que mi familia sea bendita (Génesis 12:3).

Soy bendecido por medio de Cristo, la simiente de Abraham (Génesis 22:18).

Bendíceme mucho (Génesis 24:35).

Que aquellos con quienes me relaciono
sean bendecidos (Génesis 30:27).

Permíteme recibir un razonamiento
bendito (1 Samuel 25:33).

No andaré en consejo de malos, ni estaré en
camino de pecadores, ni en silla de escarnecedores
me sentaré; mas mi delicia estará en la ley
del Señor y soy bendecido (Salmo 1).

Bendíceme, Señor, pues confío en ti (Salmo 2:12).

Señor, recibo tu bendición de mi transgresión
perdonada y mi pecado cubierto (Salmo 32:1).

Señor, bendíceme. Renuncio y me alejo del engaño,
y no soy culpable de iniquidad (Salmo 32:2).

Señor, bendíceme, en ti está mi confianza.
No miro a los soberbios, ni a aquellos que
se desvían tras la mentira (Salmo 40:4)

Señor, bendíceme, pues yo pienso en el pobre.
Líbrame en el día malo, guárdame y dame vida.
Bendíceme en la tierra y no me entregues a la
voluntad de mis enemigos (Salmo 41:1–2).

Señor, bendíceme, porque me has escogido y me
has atraído a ti para habitar en tus atrios, que
sea saciado del bien de tu casa (Salmo 65:4).

Señor, cólmame a diario de
beneficios (Salmo 68:19).

Señor, bendíceme al habitar en tu casa y
alabarte perpetuamente (Salmo 84:4).

Bendíceme, Señor en ti están mis
fuerzas (Salmo 84:5).

Bendíceme, Señor, y que la luz de tu rostro
brille sobre mí; yo sé aclamarte (Salmo 89:15).

Que yo sea bendecido en tu corrección e
instrúyeme en tu ley (Salmo 94:12).

Señor, bendíceme, permíteme guardar tus juicios
y hacer justicia todo el tiempo (Salmo 106:3).

Bendíceme, Señor, yo te temo y me deleito en gran
manera en tus mandamientos (Salmo 112:1).

Bendíceme, Señor, pues te temo y ando
en tus caminos (Salmo 128:1).

Bendíceme, Señor; recibo sabiduría, velando
en tus puertas cada día, aguardando a los
postes de tus puertas (Proverbios 8:34).

Señor, tengo un ojo misericordioso
(generoso), bendíceme (Proverbios 22:9).

Bendíceme, Señor, pues espero en ti (Isaías 30:18).

Siembro junto a todas las aguas,
bendíceme, Señor (Isaías 32:20).

Bendíceme, Señor, no trabajaré en vano, ni
daré a luz para maldición (Isaías 65:23).

Bendíceme, Señor, confío en ti y mi
confianza eres Tú (Jeremías 17:7).

Que todas las naciones me digan
bienaventurado y permíteme ser tierra
deseable (Malaquías 3:12).

Úngeme para el avance (Isaías 61).

Permíteme experimentar avance
en cada área de mi vida.

Permíteme vencer todas las
limitaciones y los obstáculos.

Ensancharé el sitio de mi tienda,
alargaré mis cuerdas y reforzaré mis estacas,
porque experimentaré un avance (Isaías 54).

Mi Señor, el que abre caminos subirá
delante de mí (Miqueas 2:13).

Permíteme abrirme paso en mis finanzas.

Permíteme vencer en mis relaciones.

Permíteme conquistar mi salud con sanidad.

Permíteme triunfar en mi ministerio.

Permíteme abrirme paso en mi ciudad.

Permíteme conquistar mis emociones.

Permíteme avanzar en mi alabanza.

Permíteme triunfar en mi vida de oración.

Permíteme abrir paso en mi adoración.

Permíteme vencer en mi revelación.

Permíteme avanzar en mi carrera.

Permíteme conquistar en mi dádiva.

Permíteme experimentar abundancia
en mi vida.

Permíteme experimentar tus sorpresas, Señor.

Haz una obra rápida en mi vida.

Que experimente un gran
progreso en poco tiempo.

Creo en y confieso tus
MISERICORDIAS en mi vida.

Que encuentre prosperidad y
experimente abundancia.

CAPÍTULO 2

LA BENDICIÓN DE
LA OBEDIENCIA

A PARTIR DE LA historia de la salida del huerto de Edén sabemos que nuestra intimidad con Dios surge de la obediencia a Él. Si no estamos cerca de Dios a través de la obediencia estamos separados de Él por nuestra desobediencia y como consecuencia, no podemos recibir su bendición.

Adán y Eva recibieron una instrucción simple: mantenerse alejados del árbol de la ciencia del bien y del mal. Todas las demás bendiciones abundantes y experiencias en el huerto eran suyas:

> Y mandó Jehová Dios al hombre, diciendo: De todo árbol del huerto podrás comer; mas del árbol de la ciencia del bien y del mal no comerás; porque el día que de él comieres, ciertamente morirás.
>
> —GÉNESIS 2:16–17

Como sabemos, ellos no prestaron atención a la voz del Señor y perdieron su lugar de honor, bendición y protección debido a las consecuencias del pecado.

Resulta más claro ver que las bendiciones de Dios dependen de nuestra obediencia, cuando revisamos el libro de Deuteronomio, en el que Dios les reveló su pacto a los hijos de Israel. Parece como si Dios repitiera demasiado, pero podemos ver el Antiguo Testamento y en nuestra propia experiencia que aun recordándonos su bendición por la obediencia, el hombre continúa haciendo su voluntad y se sale del camino de bendición.

En Deuteronomio 22, Dios mostró el plan de la manera en que sus hijos pueden recibir su bendición. Si siguen lo que él ordenó sus bendiciones los alcanzarán a ellos, sus hijos, su ganado y sus siervos. Todo lo que su mano toque o donde pise su pie no solamente será prosperado, sino que también será suyo.

Imagine este tipo de bendición sobre su negocio, carrera o ministerio. Imagine esta bendición sobre su hogar y sus finanzas, su preparación académica y sobre todo aquello que concierne a su familia. Dios desea soltar este tipo de favor sobre usted, porque testifica de su bondad sobre las naciones. Cuando prospera el pueblo de Dios, no solamente se ve bien, sino que Dios también se ve bien.

Más adelante, usted verá que el Señor también protegería al pueblo de Israel de sus enemigos (Deuteronomio 11:22–25). Él se declaraba como su torre fuerte. Esto es lo que traerá la obediencia a su vida también. La obediencia le brinda protección de la muerte y de cualquier tipo de derrota. En Romanos 6:23, la Biblia dice que "la paga del pecado es muerte". De manera que si obedece a Dios, usted será bendecido con vida. La muerte es una maldición por la que Jesús murió en la cruz para liberarlo. Él recuperó la bendición de la vida abundante para usted. Todo lo que necesita es recibir este don y caminar en él siendo obediente a su Palabra. Usted elige.

> He aquí yo pongo hoy delante de vosotros la bendición y la maldición: la bendición, si oyereis los mandamientos de Jehová vuestro Dios, que yo os prescribo hoy, y la maldición, si no oyereis los mandamientos de Jehová vuestro Dios, y os apartareis del camino que yo os ordeno hoy, para ir en pos de dioses ajenos que no habéis conocido.
>
> —DEUTERONOMIO 11:26–28

LA OBEDIENCIA COMO SIGNO DE UNA FE VERDADERA

Estamos ejercitando nuestra confesión de fe y nuestro compromiso de amar a Dios al elegir obedecerlo (vea 1 Juan 5:2–3). Si solamente confesamos con nuestra boca que creemos en Dios, pero no hacemos nada de lo que Él nos dice, entonces no somos diferentes de los demonios, quienes también creen y tiemblan (Santiago 2:17–19). La fe activa es lo que engendra el ambiente perfecto para la bendición sobrenatural de

Dios. Cuando tenemos una fe activa podemos recibir sanidad sobrenatural, liberación, advertencias divinas de un peligro próximo, provisión y protección.

La fe activa nos permite permanecer conectados y atados a la vid. Salmo 91 es un ejemplo perfecto de alguien que camina en la bendición de la obediencia.

La obediencia a la dirección e instrucción de Dios para su vida muestra que confía y cree en que Él conoce lo mejor para usted, que honra su compromiso de seguirlo y que comprende que su perspectiva al superar los desafíos de la vida son limitados. Todo lo que no es obediencia es pretensión.

Para recibir la bendición de Dios, usted debe demostrar que Él es el Señor de su vida. La obediencia es la prueba. Él desea que seamos suyos y desea ser nuestro. Él tiene una vida para usted, pero debemos rendirle nuestra vida quebrantada y seguir su plan para tener éxito, prosperidad y paz.

Si usted es padre puede comprenderlo mejor de la siguiente manera: usted le pide a su hijo mantenerse cerca del jardín delantero. Usted dice: "Juega donde te vea". Si su hijo sale de los límites que usted estableció, ¿cómo es que puede protegerlo si un coche viene a toda velocidad o si una persona se acerca a él ofreciéndole un dulce? La obediencia salva la vida en muchos casos.

La obediencia dice: "Dios, te confío mi vida. Por lo tanto, te amaré al guardar tu Palabra en mi corazón, de manera que no peque contra ti y me arriesgue a perder tu favor y tu bendición, porque Tú eres vida y soplas en mí".

Aquél, respondiendo, dijo: Amarás al Señor tu Dios con todo tu corazón, y con toda tu alma, y con todas tus fuerzas, y con toda tu mente; y a tu prójimo como a ti mismo.

—LUCAS 10:27

ORACIONES PARA LA BENDICIÓN POR LA OBEDIENCIA

Quiero y soy obediente. Permíteme comer el bien de la tierra (Isaías 1:19).

Permíteme ser un hijo que aprenda la obediencia por lo que padezco, como Cristo (Hebreos 5:8).

Como un hijo obediente, no me conformaré a los deseos que antes tenía (1 Pedro 1:14).

Que camine en tu dignidad, para que toda la congregación de los hijos de Dios te obedezcan (Números 27:20).

Que no sea como las naciones que el Señor destruyó delante de mí. Seré obediente a la voz del Señor, mi Dios (Deuteronomio 8:20).

La represión del sabio es como un zarcillo de oro y un joyel de oro fino a mi oído dócil (Proverbios 25:12).

A través de ti he recibido la gracia y el apostolado,
para la obediencia de la fe en todas las naciones
por amor de tu nombre (Romanos 1:5).

Permíteme tener prueba de que soy
obediente en todo (2 Corintios 2:9).

Sé que tu cariño es más abundante al
acordarte de mi obediencia, de cómo te recibí
con temor y temblor (2 Corintios 7:15).

Señor, te pido que confíes en mi
obediencia sabiendo que haré más
de lo que deseas (Filemón 21).

Haré todas las cosas que el Señor ha
dicho y obedeceré (Éxodo 24:7).

No permitas que sea como aquellos que no
andan en tus caminos y no oyeron tu ley,
porque como ellos, seré dado en botín y
entregado a saqueadores (Isaías 42:24).

Me presento para obedecerte, Señor; por
lo tanto soy un esclavo para obedecerte
para justicia (Romanos 6:16).

Mi obediencia ha venido a ser notoria a
todos. Permíteme ser sabio para el bien e
ingenuo para el mal (Romanos 16:19).

Derribo argumentos y toda altivez que se
levanta contra el conocimiento de Dios,
y llevando cautivo todo pensamiento a la
obediencia de Cristo (2 Corintios 10:5).

Permíteme humillarme a mí mismo,
haciéndome obediente hasta la muerte,
como Cristo (Filipenses 2:8).

Jesús, te agradezco por constituirme justo
por la obediencia (Romanos 5:19).

Señor, te obedeceré para entrar en
tu reposo (Hebreos 3:18).

No obedeceré a la injusticia. Obedeceré
a la verdad. Que tu ira y enojo estén
lejos de mí (Romanos 2:8).

No seguiré mi costumbre antigua, sino que
obedeceré al Señor (2 Reyes 17:40).

Permíteme correr bien, que nada me estorbe
para obedecer la verdad (Gálatas 5:7).

Por cuanto obedezco a tu voz, mi
simiente será bendita (Génesis 22:18).

Recibo bendición, porque obedezco
los mandamientos del Señor, mi
Dios (Deuteronomio 11:27).

No permitas que vuelva a Egipto, sino
permíteme obedecerte (Hechos 7:39).

Porque obedezco, Tú eres el autor de mi eterna
salvación. Soy perfeccionado en ti (Hebreos 5:9).

Me someto a ti como esclavo para
obedecerte, para justicia (Romanos 6:16).

Obedeceré a tu voz en lo que me
mandes (Génesis 27:8).

Gracias, Dios, porque al oír tu voz, Tú serás enemigo de mis enemigos, y afligirás a los que me afligen (Éxodo 23:22).

No permitas que sea de los que no te obedecen y recibe siete veces más el castigo por sus pecados (Levítico 26:18).

Que todas las bendiciones del Señor vengan sobre mí y me alcancen, porque obedezco la voz del Señor, mi Dios (Deuteronomio 28:2).

Acabaré mis días en bienestar y mis años en dicha, porque te oigo y te sirvo (Job 36:11).

Te obedeceré e inclinaré mi oído a ti. No endureceré mi cerviz (Jeremías 7:26).

Comeré y me saciaré. No fornicaré y me multiplicaré, porque busco obedecer al Señor (Oseas 4:10).

El Señor no me desechará, porque lo obedeceré (Oseas 9:17).

Obedeceré tu voz. Recibiré corrección. Confiaré en el Señor y me acercaré a mi Dios (Sofonías 3:2).

Obedeceré a Dios antes que a los hombres (Hechos 5:29).

El Espíritu Santo es dado a aquellos que lo obedecen. Yo obedeceré (Hechos 5:32).

No dejaré que el pecado reine en mi cuerpo mortal, ni obedeceré sus concupiscencias (Romanos 6:12).

Me sujetaré a los gobernantes y
autoridades, para obedecerlos y estar
dispuesto a toda buena obra (Tito 3:1).

Obedecer es mejor que los sacrificios,
y el prestar atención a la grosura de
los carneros (1 Samuel 15:22).

Sea bueno, sea malo, obedeceré a la voz
del Señor, mi Dios, para que me
vaya bien (Jeremías 42:6).

Te agradezco, Señor, porque si doy
oído a tu voz y guardo tu pacto, seré
tu especial tesoro (Éxodo 19:5).

Si estoy en angustia volveré al Señor, mi
Dios, y obedeceré su voz. Él no me dejará,
ni se olvidará del pacto que les juró a
mis padres (Deuteronomio 4:30–31).

Obedeceré cuidadosamente tus
mandamientos, amando al Señor, mi Dios,
y te serviré con todo mi corazón y con
toda mi alma (Deuteronomio 11:13).

Guardaré y escucharé todas estas palabras
que Tú me mandas, para que me vaya
bien a mí y a mis hijos después de mí
para siempre (Deuteronomio 12:28).

Andaré en pos del Señor, mi Dios,
y a Él temeré. Guardaré sus mandamientos
y escucharé su voz. A Él serviré y a
Él seguiré (Deuteronomio 13:4).

Hoy declaro al Señor como mi Dios, que andaré en sus caminos y guardaré sus estatutos, sus mandamientos y sus decretos, y que escucharé su voz (Deuteronomio 26:17).

Al Señor mi Dios serviré y a su voz obedeceré (Josué 24:24).

No temeré a los dioses de los amorreos, porque Tú eres el Señor, mi Dios, en cuya tierra habito (Jueces 6:10).

Permíteme continuar temiendo, sirviendo y obedeciendo al Señor, de manera que los líderes políticos que me gobiernan también sigan a Dios (1 Samuel 12:14).

No permitas que sea como el rey Saúl, quien quebrantó el mandamiento del Señor y temió al pueblo más que a Dios y consintió a la voz de ellos (1 Samuel 15:24).

Como Judá, Señor, te pido que me des un solo corazón para cumplir el mensaje de mis líderes nacionales, conforme a tu Palabra (2 Crónicas 30:12).

Como Ester, te pido que obedezca los mandatos de las autoridades espirituales en mi vida (Ester 2:20).

Vuelvo a ti, Señor, y sé que no harás caer tu ira sobre mí, porque eres misericordioso y no guardarás para siempre tu enojo. Reconozco mi maldad y mi transgresión. He oído tu voz (Jeremías 3:12–13).

Escucharé tu voz y me serás por Dios, y
andaré en todo camino que me mandes,
para que me vaya bien (Jeremías 7:23).

Oiré e inclinaré mi oído al Señor, mi Dios.
No seguiré los consejos ni la dureza de
mi malvado corazón (Jeremías 7:24).

Mejoraré mis caminos y mis obras, y oiré la voz
de Jehová, mi Dios; y se arrepentirá el Señor del
mal que ha hablado contra mí (Jeremías 26:13).

Aun los vientos y el mar te obedecen (Mateo 8:27).

Que nadie me fascine para no
obedecer la verdad (Gálatas 3:1).

Obedeceré a mis amos terrenales, no sirviendo
al ojo, como los que quieren agradar a
los hombres, sino con corazón sincero,
temiendo a Dios (Colosenses 3:22).

Me sujetaré y obedeceré a mis pastores,
porque ellos velan por mi alma y deben
dar cuenta (Hebreos 13:17).

He purificado mi alma por la obediencia
a la verdad, mediante el Espíritu para
amar sinceramente a mis hermanos
y hermanas (1 Pedro 1:22).

Señor, te pido que mi obediencia a tu Palabra
gane a mi esposo para ti (1 Pedro 3:1).

Señor, creo en ti y te obedeceré cuando
ordenes subir y poseer la tierra que me
has dado (Deuteronomio 9:23).

Oiré la voz del Señor, mi Dios,
y ninguna maldición vendrá sobre
mí (Deuteronomio 28:15).

Temo al Señor y oigo la voz de su siervo.
Ando en la luz y no en las tinieblas.
Confío y me apoyo en Dios (Isaías 50:10).

Recibo el Reino y el dominio,
porque soy un santo del Altísimo.
Le sirvo y lo obedezco (Daniel 7:27).

Con autoridad mandaré a los espíritus
inmundos y me obedecerán (Marcos 1:27).

Incluso con la fe como un grano de mostaza,
un sicómoro me obedecerá y será desarraigado
y plantado en el mar (Lucas 17:6).

Señor, te obedeceré y promulgaré libertad a
mi hermano y a mi compañero, porque Tú me
has promulgado libertad (Jeremías 34:17).

ORACIONES PARA UNA VIDA DE LA QUE FLUYE LECHE Y MIEL

Llévame a una tierra que fluya
leche y miel (Éxodo 3:8).

Que mis dientes sean blancos de
la leche (Génesis 49:12).

Permíteme disfrutar la mantequilla de vacas
y la leche de ovejas (Deuteronomio 32:14).

Permíteme disfrutar las bendiciones como
mantequilla y miel (Isaías 7:22).

Que fluya leche de mi vida como
el monte de Sion (Joel 3:18).

Llévame a la tierra de trigo y cebada, de
vides, higueras y granados; tierra de olivos,
de aceite y de miel (Deuteronomio 8:8).

Hazme subir sobre las alturas de la tierra, comer
los frutos del campo y chupar la miel de la peña, y
el aceite del duro pedernal (Deuteronomio 32:13).

Susténtame con lo mejor del trigo y sáciame
con la miel de la peña (Salmo 81:16).

CAPÍTULO 3

LA BENDICIÓN
DE DAR

LA B<small>IBLIA</small> <small>ENSEÑA</small> un mensaje muy sencillo acerca de ser bendecido para ser bendición. Es una ley cíclica como la siembra y la cosecha. En ciertos círculos cristianos es llamado la cosecha; el mundo lo conoce como karma; y la ciencia como causa y efecto: "No hagas a otros lo que no quieres que te hagan", "Recibes lo que das", "Obtienes lo que pagas", "Lo que siembras, cosechas". Sin importar cómo lo haya catalogado el hombre, esta ley de dar y recibir se originó por la mano de Dios en la fundación del mundo. No es una hipótesis o una teoría. Es una ley inamovible que se aplica a la vida en esta tierra y en el cielo sin importar que la conozcamos o no.

Lo que de, le será regresado; y todavía más: recibirá en proporción a lo que dé. Si damos (o sembramos) escasamente, recibiremos (o segaremos) escasamente (2 Corintios 9:6).

Si usted desea recibir la bendición de Dios, debe estar listo para dar. No puede esperar tener una vida de bendición si todo lo que hace es recibir, recibir y recibir. Terminará como el mar Muerto: demasiado salado y tóxico como para sostener alguna forma de vida. Un cristiano bendecido es vibrante, fructífero y está dispuesto a dar y mantener la vida. Todo cuanto lo rodea es bendecido. El espíritu de muerte y ranciedad no perdura a su alrededor. Debido a que son bendecidos, ellos dan la bendición y por consiguiente, producen un flujo de abundancia en el Reino de Dios donde no existe la escasez.

En la actualidad, muchas iglesias dicen haberse modelado a partir de la iglesia del Nuevo Testamento, pero la iglesia primitiva recibió y respondió al mensaje de dar de una manera en la que muchos de nosotros no estaríamos dispuestos a hacerlo.

En 2 Corintios 8:14–15, Pablo animó a los corintios a continuar lo que siempre habían hecho, que aquellos con abundancia suplieran a quienes no tenían, para que ninguno se fuera sin nada y que todos fueran bendecidos. Él llamó esto igualdad. En Hechos 2:44–45 y Hechos 4:32–33, también se le llama "tener todas las cosas en común".

Había un flujo viviente de bendiciones entre los miembros de esta iglesia. Aquellos que habían sido bendecidos les daban a quienes necesitaban una bendición. Lo hacían de buen agrado y con alegría (vea 2 Corintios 9:7–15). En cada ejemplo vemos que la gracia sobrenatural de Dios rodeó y bendijo a los dadores y receptores, de manera que dar no era una carga y los receptores eran bendecidos lo suficiente como para convertirse también en dadores.

SIETE LUGARES ESPIRITUALES
DE ABUNDANCIA

Para recibir la bendición de dar, primero debemos ser bendecidos con abundancia. El Antiguo Testamento menciona algunos lugares físicos que representaban abundancia, fertilidad, fruto, excelencia y belleza. Cuando el pueblo de Dios habitaba en estos lugares, sus vidas prosperaban como jamás lo habían visto. Ellos tenían paz y estaban protegidos de sus enemigos, tenían todo el alimento y productos que podían comer, su tierra estaba regada y su ganado alimentado. Esto sucedía mientras permanecían en ese lugar.

En la actualidad, al Cuerpo de Cristo se le dificulta comprender cómo estar en un lugar de bendición y abundancia, para poder darle al mundo lo que necesita como testimonio de Dios, nuestro Padre. Esta falta de revelación con respecto a sus leyes y ordenanzas acerca de dar y recibir es lo que mantiene a la iglesia en un lugar de escasez. Muchos no se sienten capacitados por la gracia de Dios para dar alegremente, porque no habitan en uno de los lugares espirituales de abundancia de Dios.

En el Antiguo Testamento, Dios puso a disposición todas sus bendiciones para su pueblo, de manera que fueran una bendición a las naciones vecinas y todos los que vieran su manera de vivir, supieran que existía un verdadero Dios viviente. Había siete lugares donde la abundancia del cielo fluía hacia la tierra. Estos siete lugares continúan activos en el plano espiritual. Sus oraciones y confesiones pueden comenzar a soltar este flujo en su vida.

Tal como dice la oración del Señor, usted puede soltar la voluntad de Dios sobre la Tierra así como en el cielo (Lucas 11:2). Su voluntad lo bendecirá y lo prosperará.

Al aprender acerca de estos siete lugares de abundancia espiritual, comience a orar que el espíritu de abundancia que habita en estos lugares caiga en su vida.

1. El valle de Sarón, la fertilidad del Reino

El Valle de Sarón era conocido por su fertilidad y abundancia. Tanto en 1 Crónicas 27:29 como en Isaías 65:10 dice que era un lugar donde pastaba el ganado. Era abundante y lozano, y parecía florecer siempre. El *Comentario Barnes* de la Biblia dice que una connotación hebrea de la palabra *florecer* en Isaías 35:2 para "florecerá abundantemente, es, que crecerá floreciendo". En otras palabras, su fertilidad, fecundidad, belleza y capacidad para dar vida continuarán en gran medida y sin fin. Ver crecer flores de muchos colores es una escena de singular belleza. ¿Qué necesita usted que florezca en su vida? Dios desea traer esa belleza a su vida.

2. El monte Carmelo, la belleza y excelencia del Reino

Isaías 35:2 también menciona la excelencia del Carmelo, queriendo decir que el Señor mostró su gloria y esplendor en este monte. La palabra *Carmelo* significa "carmesí" y a menudo alude a un "campo fértil". En Isaías 10:18 e Isaías 16:10, aunque no se utiliza la transliteración al español, la palabra *Carmelo* se traduce directamente como un "campo fértil". También se le menciona como:

• Un lugar de belleza (Cantares 7:5).
• Excelencia (Isaías 35:2).
• Tierra de abundancia (Jeremías 2:7).
• Carmelo junto al mar (Jeremías 46:18).

Debido a que el *mar* en las Escrituras a menudo se refiere a los gentiles, es interesante considerar la imaginería de fuerza y belleza de las alturas con respecto a los gentiles, así como la imaginería natural.

Cantares 7:5 dice: "Tu cabeza encima de ti, como el Carmelo; y el cabello de tu cabeza, como la púrpura del rey suspendida en los corredores".

En todos los capítulos de las Escrituras que mencionan la *excelencia* o algo excelente, la palabra *Carmelo* lleva consigo una connotación de perfección, conclusión o plenitud.

Y volveré a traer a Israel a su morada, y pacerá en el Carmelo y en Basán; y en el monte de Efraín y en Galaad se saciará su alma.

—JEREMÍAS 50:19

3: La gloria del Líbano

El *Diccionario bíblico de Fausset* describe al Líbano como un campo fértil de flores fragantes, arbustos aromáticos y vides, corrientes frescas y una variedad de árboles fuertes y altos. Era un lugar para refugiarse del calor del valle. Era un contraste directo con los vastos desiertos del área, un oasis (vea Josué 11:17; 12:7; Salmos 72:16; 92:12; Cantares 4:8, 11, 15; Isaías 35:2; 60:13; Jeremías 18:14).

4. El valle de Acor

El valle de Acor es el lugar donde Dios se volvió de su ira hacia Israel, después de apedrear a Acán y recibieron entrada a la Tierra Prometida (Josué 7:24–26). En Isaías 65:10 era una recompensa para quienes buscaron a Dios. De acuerdo con el *Diccionario Ilustrado de la Biblia de Nelson*, los profetas lo utilizaban como un símbolo de satisfacción y paz por la venida del Mesías; un cambio de la ira de Dios con los hombres por sus pecados hacia recibir a su Hijo y seguir sus caminos. El valle de Acor es como un paso entre la maldición del pecado y la bendición de Dios, entre la muerte y la vida, entre el antiguo pacto y el nuevo pacto.

5. El monte Hermón, la bendición del Reino, el rocío de Hermón

Ven conmigo desde el Líbano, oh esposa mía; ven conmigo desde el Líbano. Mira desde la cumbre de Amana, desde

la cumbre de Senir y de Hermón, desde las
guaridas de los leones, desde los montes de
los leopardos.

—CANTARES 4:8

El rocío del monte Hermón nevado, de tres picos,
se compara con la unidad: la semejanza de la deidad.
Cuando el aire fresco de los picos nevados del monte
Hermón se encuentra con el viento cálido del desierto,
las nubes asperjen un abundante rocío que empapa,
penetra y remoja. Por lo tanto, no es de sorprenderse
que en el pie del monte Hermón haya jardines seduc-
tores, huertos fructíferos y campos fértiles. El rocío
del Hermón penetra en las raíces de los árboles y
plantas, no es solamente una humedad superficial.

6. Sion, el monte del Señor

Sion, también conocida como la ciudad de David,
ciudad de paz y ciudad de Dios, era una fortaleza de
protección para los israelíes (2 Samuel 5:7). Fue el
lugar donde el rey David albergó el arca del pacto.
Fue el lugar de santidad, en donde habitaba la presencia y bondad de Dios.

Y vendrán con gritos de gozo en lo alto de
Sion, y correrán al bien de Jehová, al pan,
al vino, al aceite, y al ganado de las ovejas y
de las vacas; y su alma será como huerto de
riego, y nunca más tendrán dolor.

—JEREMÍAS 31:12

7. El huerto de Edén

La palabra *Edén* significa "deleite". Adán y Eva, el primer hombre y la primera mujer, vivieron en el huerto del Deleite. En Génesis 2 y 3 encontramos que Edén es el lugar de la bendición y la prosperidad de Dios. Estaba lleno de la variedad, belleza y fertilidad originales de la creación de Dios. Todo ser viviente puede remontar su comienzo en el huerto de Edén. El huerto también representa intimidad, un lugar donde el hombre estaba cerca de Dios. Él caminaba entre ellos al aire del día. No había un muro divisorio de pecado en el principio (vea Génesis 3:8).

CONFESIONES DE ABUNDANCIA Y PROSPERIDAD

Yo prosperaré y tendré salud así
como prospera mi alma.

No tendré necesidad, porque Tú eres mi
pastor y nada me faltará (Salmo 23:1).

Señor, prospérame y permíteme
tener abundancia.

Señor, Tú eres El-Shaddai,
el Dios más que suficiente;
dame todo lo que necesito para cumplir
mi destino y permíteme tener más
de lo que necesito (Génesis 17).

Señor, te hiciste pobre para que a través
de tu pobreza yo pudiera ser rico.

Señor, no permitas que me falte todo lo
bueno, porque me gozo delante de ti.

Señor, suple los deseos de mi
corazón, porque te busco.

Señor, busco primero el Reino y su justicia, y
todas las demás cosas me serán añadidas.

Señor, bendice mi entrar y mi salir.

Señor, bendíceme en la ciudad y
bendíceme en el campo.

Señor, bendíceme para estar encima
y no debajo.

Señor, bendíceme para ser por
cabeza y no por cola.

Señor, bendíceme con dominio y
victoria sobre el enemigo.

Señor, bendice todo lo que mi mano toque.

Señor, que tu bendición alcance mi vida.

Señor, que tu favor bendiga mi vida.

Señor, bendice mi alfolí.

Señor, bendíceme, vida eterna, en mi vida.

Señor, dame abundancia de plata.

Señor, multiplica tu gracia en mi vida y
permíteme abundar en toda buena obra.

Señor, permíteme tener abundancia
y no escasez.

Señor, no deseo tener un saco roto.

Que las ventanas de los cielos estén abiertas en mi vida y derrama bendición que sobreabunda. Señor, reprende por mí al devorador.

Señor, te busco, hazme prosperar
(2 Crónicas 26:5).

Señor, habla vida y hazme prosperar.

Señor, envía a tu ángel y prospera
mi camino (Génesis 24:40).

Señor, está conmigo y hazme una
persona próspera (Génesis 39:2).

Permíteme tener sabiduría y
prosperidad (1 Reyes 10:7).

Dios de los cielos, prospérame
(Nehemías 2:20).

Señor, exáltate en mi prosperidad (Salmo 35:27).

Señor, envía prosperidad a mi vida (Salmo 118:25).

Que la paz y la prosperidad sea dentro
de mis muros (Salmo 122:7).

Que las piedras preciosas que me has dado
me traigan prosperidad (Proverbios 17:8).

Señor, tu me llamaste, haz próspero
mi camino (Isaías 48:15).

Señor, reina sobre mi vida con
prosperidad (Jeremías 23:5).

Señor, procura tu bondad y bien
en mi vida (Jeremías 33:9).

Señor, bendíceme y no permitas que
olvide el bien (Lamentaciones 3:17).

Permíteme prosperar como
Abraham (Génesis 24:35).

Señor, bendíceme y multiplícame como
a Abraham, mi padre (Isaías 51:2).

Señor, permíteme prosperar
como José (Génesis 39:2).

Señor, bendíceme como a Aser y que moje
en aceite mi pie (Deuteronomio 33:24).

Señor, bendice mi casa como la casa
de Obed–Edom (2 Samuel 6:12).

Señor, bendíceme y llévame a
abundancia (Salmo 66:12).

Señor, dame el poder para hacer las
riquezas (Deuteronomio 8:18).

Señor, soy un dador, que haya bienes y
riquezas en mi casa (Salmo 112:3).

Señor, tu bendición enriquece y
no añade tristeza con ella.

Señor, bendíceme con suficiente alimento
y que sobre (2 Crónicas 31:10).

Señor, permíteme prosperar como
Daniel (Daniel 6:28).

Que mi viaje sea próspero (Romanos 1:10).

Que toda semilla que plante,
prospere (Zacarías 8:12).

ORACIONES PARA LA BENDICIÓN DE LA DÁDIVA

Más bienaventurado es dar que recibir (Hechos 20:35).

Doy, y me es dado; medida buena, apretada, remecida y rebosando, me darán los hombres (Lucas 6:38).

Siembro generosamente y siego generosamente (2 Corintios 9:6).

Señor, haz memoria de mis ofrendas (Salmo 20).

Te honro con las primicias de mis frutos; por lo tanto mis lagares rebosarán (Proverbios 3:9–10).

No me faltará nada, soy un dador.

Que haya riquezas y bienes en mi casa, porque soy un dador (Salmo 112:3).

Yo llevo mis diezmos y ofrendas al alfolí. Que las ventanas de los cielos sean abiertas sobre mi vida (Malaquías 3:10).

Yo llevo el diezmo y la ofrenda al alfolí. Reprende por mí al devorador (Malaquías 3:11).

Yo siembro en buena tierra y tengo una siega abundante (Gálatas 6:7).

Creo en el tiempo de la cosecha y la siega, mientras la tierra permanezca (Génesis 8:22).

Yo doy, suelta los montones en mi vida (2 Crónicas 31:8).

Tengo un ojo misericordioso y doy; por lo
tanto, recibo tu bendición (Proverbios 22:9).

Yo doy; por lo tanto, dame todas las cosas en
abundancia para que las disfrute (1 Timoteo 6:17).

Yo traeré ofrendas y vendré a
tus atrios (Salmo 96:8).

Que mis oraciones y limosnas suban para
memoria delante de ti (Hechos 10:4).

Recibiré a los ministros ungidos y mis
necesidades serán suplidas conforme a tus
riquezas en gloria (Filipenses 4:18–19).

Te serviré con mis bienes (Lucas 8:2–3).

Soy un hacedor de la Palabra y obedeceré
tu Palabra dando (Lucas 6:38).

ORACIONES PARA LA BENDICIÓN DEL CARMELO Y DEL SARÓN

Recibo las bendiciones del Carmelo
y del Sarón en mi vida.

Que la hermosura del Carmelo sea
sobre mi vida (Isaías 35:2).

Que mi vida sea un campo fructífero
como el Carmelo (Isaías 35:2).

Que la hermosura y fertilidad del Carmelo
sea sobre mi vida (Isaías 35:2).

Que mi vida florezca como el Carmelo
y el Sarón (Isaías 35:2).

"Florecerá profusamente": está es la
promesa que me haces por tu Reino.

Que los desiertos florezcan y den
vida como Sarón (Isaías 35:2).

Riega mi vida y hazla florecer como el Carmelo.

Que las aguas sean torrentes en el
sequedal de mi vida (Isaías 35:6–7).

Que mi lugar seco se convierta en
estanque (Isaías 35:6–7).

El agua será torrente en el sequedal y
manaderos de aguas en el desierto.

El lugar seco se convertirá en estanque, y el
sequedal en manaderos de aguas (Isaías 35:6–7).

Permíteme saciarme de la abundancia
del Carmelo (Jeremías 50:19).

Que tus corrientes fluyan en mi vida y que
sean abundantes como el Carmelo y el Sarón.

No hay campos desolados en mi vida, mi
vida es abundante como el Carmelo.

Que el gozo y los cánticos abunden en mi
vida, el gozo del Carmelo y el Sarón.

Que la majestad y la gloria del
Líbano sean sobre mi vida.

Que mis desiertos florezcan como
la rosa (Isaías 35:1).

Recibo la abundancia y prosperidad
del Carmelo y el Sarón.

Que pase el invierno y se muestren las
flores en mi vida (Cantares 2:11–13).

Que mi vida florezca como una
higuera (Cantares 2:11–13).

Que sea fructífero como la vid
(Cantares 2:11–13).

Que tu olor se manifieste en mi
vida (Cantares 2:11–13).

Que la bendición y la prosperidad del
ciprés sea sobre mí (Isaías 55:13).

Que la bendición y fragancia del pino
sea sobre mi vida (Isaías 60:13).

Permíteme florecer como la palmera
(Salmo 92:12).

Permíteme crecer como el cedro
en el Líbano (Salmo 92:12).

Que cada área de mi vida florezca
como el lirio (Oseas 14:5).

Recibo la plenitud del Carmelo, la
bendición y prosperidad del Reino.

Que la fertilidad aumente en cada
área de mi vida como el Sarón.

Recibo la plenitud y la abundancia del Carmelo.

Mi vida está cambiando y convirtiéndose
como el Carmelo y el Sarón.

Que mis campos florezcan profusamente
como el Carmelo y el Sarón.

ORACIONES PARA OBTENER LA GLORIA DEL LÍBANO

Que la gloria del Líbano venga
a mi vida (Isaías 35:2).

Que la excelencia de los cedros del Líbano
venga a mi vida (Cantares 5:15).

Recibo la majestad del Líbano,
porque estoy en el Reino.

Permíteme crecer y ser fuerte como los
cedros del Líbano (Salmo 92:12).

Que venga la gloria del Líbano
a mi vida (Isaías 60:13).

Permíteme ascender sobre las alturas del Líbano
y vivir en tus lugares altos (Isaías 2:13).

Que tenga la fuerza de los cedros del Líbano.

Que el fruto y la abundancia del Líbano
vengan sobre mi vida (Salmo 72:16).

Que la gloria del Líbano sea soltado en
el lugar de tu templo, la Iglesia.

Señor, Tú creaste el Líbano para tu gloria y
es un símbolo de la majestad de tu Reino.

Que la realidad del Líbano
sea soltada en mi vida.

Plántame como un árbol en el Líbano y
permíteme crecer fuerte, por tu bendición.

Que todos los campos desolados se
conviertan en la abundancia del Líbano.

Que el río de Dios fluya de tu santo monte y
riegue mi tierra, y que sea como el Líbano.

Que las glorias del Líbano vengan a mi vida.

Que tu lluvia caiga sobre mi vida, y permíteme
crecer como los árboles del Líbano.

Juntaré mis manos y te alabaré, me
gozaré como los árboles del Líbano.

Que el olor de mis vestidos sea como el olor
de los cedros del Líbano (Cantares 4:11).

Que las aguas del Líbano corran
en mi vida (Cantares 4:15).

ORACIONES PARA OBTENER LA BENDICIÓN DE ACOR

Soy redimido de la maldición por medio de
Cristo, y mi Acor se ha vuelto bendición.

Que la bendición de Acor venga sobre mi vida.

Descansaré en el valle de Acor.

Viviré en el valle de bendición y
disfrutaré las bendiciones de Acor.

Me has llevado al valle de bendición y
disfrutare la paz y la prosperidad de Acor.

Tú eres mi pastor, nada me faltará (Salmo 23:1).

En lugares de delicados pastos me harás
descansar y confortas mi alma (Salmo 23:2–3).

Disfrutaré los delicados pastos de Acor.

Disfrutaré la abundancia y prosperidad de Acor.

Acor es mi habitación, porque
soy parte del rebaño.

Que tus bendiciones vengan a mí en Acor.

He abandonado el valle de sombra
de muerte y he llegado a Acor.

No hay contienda en mi valle, disfrutaré
las bendiciones de paz en Acor.

Que la hermosura de Acor y del
Sarón sea sobre mi vida.

Llegué a tu redil, aliméntame en el Sarón y Acor.

Seré satisfecho con abundancia en el Sarón y Acor.

Tengo más que suficiente, vivo en la
prosperidad y bendición del Sarón y Acor.

ORACIONES PARA OBTENER LA BENDICIÓN DEL HERMÓN

Que el rocío del Hermón descienda y
caiga sobre mi vida (Salmo 133).

He llegado a la cumbre de Amana y de
Senir, suelta la bendición de la montaña
sobre mi vida (Cantares 4:8).

ORACIONES PARA OBTENER LA BENDICIÓN DE SION

He venido a tu santo monte, que la
bendición de Sion venga sobre mi vida.

He venido a Sion, Señor, ordena tu
bendición y vida eterna (Salmo 133:3).

Que tu presencia esté de continuo en mi
vida y que tu bendición sea continua.

He recibido el favor y la bendición de Sion.

No hay monte más santo que Sion;
subo y habito en tu monte santo.

Sion es tu habitación, habitaré donde Tú
estás y disfrutaré tus bendiciones.

Que el gozo perpetuo sea sobre mi cabeza,
porque he venido a Sion (Isaías 35:10).

Que el gozo y la alegría llene mi vida; que
huya la tristeza y el gemido (Isaías 35:10).

Permíteme cantar en lo alto de Sion y que
el bien de Jehová corra en mí; que mi alma
sea como un huerto de riego, para que
nunca más tenga dolor (Jeremías 31:12).

ORACIONES PARA OBTENER LA BENDICIÓN DE EDÉN

Que mis campos desolados sean como Edén y mi
desierto como el huerto del Señor (Isaías 51:3).

No existe ruina en mi vida, recibo y
camino en la bendición de Edén.

Que sea como Edén, como un huerto de
riego, y como manantial de aguas, cuyas
aguas nunca fallan (Isaías 58:11).

Que la Palabra sembrada en mi vida brote
y sea yo como Edén (Isaías 61:11).

Señor, deseo que camines conmigo al aire
del día como lo hiciste con Adán y Eva
en el huerto de Edén (Génesis 3:8).

CAPÍTULO 4

LA BENDICIÓN DE LAS FIGURAS DE AUTORIDAD

No PODEMOS TENER paz y bendición sin estar bajo autoridad. Isaías 9:7 dice: "Lo dilatado de su imperio y la paz no tendrán límite". Imperio significa autoridad.

Israel no tenía *shalom*, porque no quiso acatar las normas de la autoridad gobernante de Dios y todos hacían lo recto en su propia opinión. Pero Jesús vino para revertir la maldición de estar fuera del pacto y traer paz, bendición y una vida abundante a través de un nuevo pacto. Él trajo la autoridad del Reino lleno de "justicia, paz y gozo en el Espíritu Santo" (Romanos 14:17). Para recibirlo, necesitamos estar sometidos a Él y a aquellos que Él pone en autoridad sobre nosotros.

Cuando su mente está gobernada por el Espíritu de Dios, cuando piensa como un santo, cuando tiene pensamientos puros y cuando su mente no está controlada por la carne y está sometido a la autoridad, usted recibe la bendición de Dios. La Palabra de Dios lo ayudará a someterse a la autoridad puesta sobre usted, a no ser un cristiano carnal y a esperar vida (prosperidad) y paz.

> Porque el ocuparse de la carne es muerte, pero el ocuparse del Espíritu es vida y paz. Por cuanto los designios de la carne son enemistad contra Dios; porque no se sujetan a la ley de Dios, ni tampoco pueden.
>
> —ROMANOS 8:6–7

Como dice este pasaje, cuando tenemos una mente carnal, no podemos someternos a la ley ni a la autoridad. Nuestra mente está controlada por la carne y determinada a hacer su voluntad; pero su fin es destrucción (Proverbios 16:25). Algunas personas no pueden prosperar por causa de su mente. Son carnales. Pero cuando tenemos una mente espiritual y hemos sometido nuestros pensamientos a la autoridad del Señor tenemos paz, vida y prosperidad: una vida más abundante.

Dios desea que usted, como un santo de Dios, renueve su mente (Romanos 12:1–2). Él desea que el espíritu de su mente sea renovado, porque "cual es su pensamiento en su corazón, tal es él" (Proverbios 23:7).

¿QUIÉN ES SU AUTORIDAD?

En la tierra, estamos sujetos a los padres, los pastores, los profesores, los funcionarios locales y federales y jefes, sean de nuestro agrado o no. Debemos orar por ellos. Debemos someternos a sus instrucciones y órdenes mientras no interfieran directamente con las leyes de Dios.

No piense que porque no le agrada su pastor, su jefe, su gobernante o incluso el presidente, no debe respetar su autoridad. Jesús dijo que le diéramos al César lo que es del César y a Dios lo que es de Dios. Incluso si no estamos de acuerdo con la autoridad en el poder en el plano natural, no significa que Dios no ha puesto ahí a esa persona por una razón en ese momento. Dios establece la autoridad en la tierra y la remueve en su tiempo (Daniel 2:21; Proverbios 21:2; 1 Crónicas 29:11–12).

No podemos comprender por qué una persona está en una posición de autoridad, pero los caminos de Dios son más altos que los nuestros; de manera que al estar sujetos al hombre estamos sujetos a Dios. Incluso Jesús halló favor para con la autoridad terrenal (Lucas 2:52).

Sobre sujetarse a la autoridad y ser bendecido

A menudo deseamos hacer las cosas a nuestra manera. Incluso le ponemos el nombre de Dios diciendo que lo hacemos por Él. Pero Dios desea honrar a aquellos en autoridad sobre nosotros. Daniel es un gran ejemplo de un hombre recto que tuvo influencia en una nación pagana al someterse a los gobernadores de la tierra y al mismo tiempo permanecer obediente a Dios. A su vez, Daniel gozaba de privilegios con el rey. Él influyó en las leyes y códigos de ese tiempo y estuvo protegido por ángeles cuando sus enemigos le pusieron una trampa para sacarlo.

Daniel pidió un permiso especial para no contaminarse con las prácticas alimenticias de la nación pagana que lo tenía cautivo. Pero también estaba sometido a Dios por su fe, sabiendo que si permanecía obediente a Dios, sería bendecido en una manera que le produciría favor. Y tenía razón. La Biblia dice que después de que Daniel le interpretó un sueño al rey Nabucodonosor, el rey se postró ante Daniel y le prodigó honores, dándole el puesto más alto del reino (Daniel 2:46–49).

Cuando nos sometemos a la autoridad, nos posicionamos para la bendición de Dios y nos disponemos a ella. De esta manera nos colocamos bajo aquellos con la autoridad de pronunciar una bendición sobre nosotros a través de la profecía, palabras de ánimo, un asenso o corrección.

CONFESIONES DE AUTORIDAD ESPIRITUAL

Recibo la bendición de aquellos con autoridad espiritual en mi vida.

Recibo las bendiciones del líder de mi iglesia.

Recibo la bendición de la profecía de aquellos que ministran por la inspiración del Espíritu Santo.

Que mis líderes espirituales hablen palabras de bendición sobre mi vida.

Recibo la bendición de la Palabra de Dios ministrada en mi iglesia a mi vida.

ORACIONES DE BENDICIÓN AL SOMETERSE A LA AUTORIDAD

No permitas que mi ojo sea como el del que escarnece a su padre y menosprecia la enseñanza de su madre, porque los cuervos de la cañada lo sacarán y lo devorarán los hijos del águila (Proverbios 30:17).

La fuerza y el poder está en tu mano, Señor. En tu mano está el hacer grande y el dar poder a todos (1 Crónicas 29:12).

Señor, Tú controlas los tiempos de lo que sucede en el mundo. Tú quitas reyes y pones reyes. Das sabiduría a los sabios y la ciencia a los entendidos (Daniel 2:21).

Obedeceré y me sujetaré a quienes me gobiernan (Hebreos 13:17).

Me sujetaré a las autoridades superiores, porque por Dios han sido establecidas (Romanos 13:1).

Oraré, haré peticiones y haré acciones de gracias por todos los hombres, por los reyes y por todos los que están en eminencia (1 Timoteo 2:1–2).

Recordaré someterme a los gobernantes
y autoridades, obedecer y estar dispuesto
a toda buena obra (Tito 3:1).

No seré como los soñadores que
rechazan la autoridad y blasfeman de las
potestades superiores (Judas 1:8).

No permitas que hable por mi propia
cuenta, sino con la autoridad del Padre
que mora en mí (Juan 14:10).

No me opondré a la autoridad o a lo
establecido por Dios y así acarrear condenación
para mí mismo (Romanos 13:2).

Los magistrados no están para infundir
temor al que hace el bien, sino al malo.
Por lo tanto, no temeré a la autoridad
porque haré lo bueno (Romanos 13:3).

ORACIONES PARA LA BENDICIÓN AL SOMETERSE A LA SABIDURÍA DE DIOS

Señor, enséñame el camino de la
sabiduría y hazme andar por veredas
derechas (Proverbios 4:11).

La sabiduría del Señor me da
vida (Eclesiastés 7:12).

Te pido un corazón prudente que repose
en la sabiduría (Proverbios 14:33).

Estoy atento a tu sabiduría, Señor, e
inclinado a la prudencia (Proverbios 2:2).

Mi fe no estará fundada en la
sabiduría de los hombres, sino en el
poder de Dios (1 Corintios 2:5).

En ti, Señor, están escondidos los tesoros de la
sabiduría y del conocimiento (Colosenses 2:3).

Yo escucho a la muchedumbre de años, porque
la sabiduría surge por los años (Job 32:7).

Señor, tu ganancia es mejor que la
ganancia de la plata y tus frutos más
que el oro fino (Proverbios 3:14).

Que la sabiduría multiplique mis días y
añada años a mi vida (Proverbios 9:11).

Que mi casa esté edificada con sabiduría y
se afirme con prudencia (Proverbios 24:3).

No seré necio para confiar en mi propio
corazón, sino que caminaré con sabiduría
y seré librado (Proverbios 28:26).

Que mis frutos justifiquen tu
sabiduría (Lucas 7:35).

Que el temor del Señor me enseñe
sabiduría (Proverbios 15:33).

Obedeceré tus principios, para tener
buen entendimiento (Salmo 111:10).

Lléname de tu Espíritu, oh Dios, en
sabiduría, en inteligencia, en ciencia
y en todo arte (Éxodo 31:3).

Señor, dame sabiduría y ciencia para
gobernar correctamente (2 Crónicas 1:10).

Que las generaciones pasadas me enseñen
la sabiduría de ayer (Job 8:8–10).

La sabiduría y el poder están
en ti, Dios (Job 12:13).

El precio de la sabiduría, oh Señor, no puede
comprarse con alhajas de oro fino; es mejor
que las piedras preciosas (Job 28:17–18).

Callaré, oh Dios. Enséñame sabiduría (Job 33:33).

La sabiduría me librará del mal camino y de
la mujer extraña (Proverbios 2:12, 16).

Retendré tu sabiduría, porque es felicidad y
un árbol de vida para mí (Proverbios 3:18).

Estaré atento a tu sabiduría, oh Señor. Inclinaré
mi oído a tu inteligencia (Proverbios 5:1).

Dame entendimiento para que tu sabiduría
me sea fácil (Proverbios 14:6).

Concédeme sabiduría para habitar con la cordura
y hallar ciencia de los consejos (Proverbios 8:12).

Gracias, Señor, porque me darás la sabiduría
y la ciencia que te pedí (2 Crónicas 1:12).

No seré sabio en mi propia opinión,
sino que temeré al Señor y me apartaré
del mal (Proverbios 3:7).

No dejaré tu sabiduría, oh Dios, porque me
guardará y me conservará (Proverbios 4:6).

Tu sabiduría es mejor que la
fuerza (Eclesiastés 9:16).

Te doy gracias y te alabo, Dios de mis padres, porque me has dado sabiduría y fuerza (Daniel 2:23).

Porque Tú me darás palabra y sabiduría, la cual no podrán resistir ni contradecir todos los que se me opongan (Lucas 21:15).

Necesito sabiduría, por lo tanto, le pediré a mi abundante Dios que me la dé. Él no me reprochará y me la dará (Santiago 1:5).

Te pido que mi vida te agrade, oh Dios, que me des sabiduría, ciencia y gozo (Eclesiastés 2:26).

CAPÍTULO 5

LA BENDICIÓN DEL PACTO

EN ISAÍAS 54, Dios le prometió a su pueblo un pacto de paz (*shalom*): "Porque los montes se moverán, y los collados temblarán, pero no se apartará de ti mi misericordia, ni el pacto de mi paz se quebrantará, dijo Jehová, el que tiene misericordia de ti" (Isaías 54:10). Pero Israel nunca caminó en el pacto de paz consistentemente, porque continuaban violándolo. El periodo más grande de *shalom* fue el del rey Salomón, cuyo nombre significa paz. Él fue el rey más próspero de Israel. Israel vivió bajo la promesa de *shalom* durante un periodo de cuarenta años. Sin embargo, Salomón se casó más tarde con otras mujeres y participó en idolatría, y hubo una ruptura o escisión del pacto que Dios había establecido.

La paz (*shalom*) proviene de Dios. Solamente Él puede darla o quitarla. Nosotros elegimos de igual manera ser bendecidos al caminar en pacto con Él o escogemos desactivar las bendiciones al no caminar en pacto con Él.

Que formo la luz y creo las tinieblas, que hago la paz y creo la adversidad. Yo Jehová soy el que hago todo esto.

—ISAÍAS 45:7

Cuando abandonamos a Dios y rompemos su pacto, Él retira su *shalom* y permite que venga la adversidad. El enemigo vendrá a nuestra tierra y nos destruirá. Vendrá la espada y la prosperidad será destruida. Podemos verlo con base en las experiencias de los israelitas en el libro de Jueces. Pero Dios enviará advertencia y corrección. Él comenzó a enviar profetas o "mensajeros del pacto" al pueblo del pacto para advertirles de la violación de su pacto y darles oportunidad de arrepentirse antes de que la ira del pacto de Dios les sobreviniera. Los profetas dijeron varias veces que no hay paz para el malvado.

Si un profeta le dice que tendrá una vida de paz y usted viola la Palabra de Dios, su pacto, el profeta miente, porque usted no experimentará *shalom*, paz o prosperidad si no está viviendo en pacto con Dios. Cuando alguien es malo e injusto, no está en paz. No se engañe.

SOLAMENTE HAY UN CAMINO HACIA LA PAZ VERDADERA

Dios le prometió a Israel que si guardaba sus mandamientos, Él les daría esa *shalom*. Pero ellos no escucharon. Sin embargo, Dios tenía un plan que no solamente restauraría a Israel, sino que este también se extendería hacia la humanidad.

En Jeremías 31:31–34, Dios le dijo a su pueblo que no podrían experimentar su paz bajo el antiguo pacto, porque continuaban rompiéndolo. Él se refería al hecho de que solamente experimentarían la verdadera paz de Dios por medio del Mesías. El Mesías vendría a hacer un nuevo pacto. Él vino predicando las buenas nuevas del Reino. La única manera de experimentar la verdadera *shalom* de Dios es a través de su hijo, el Príncipe de Paz (Isaías 9:6). Jesús vino a predicar el "evangelio de la paz" (Romanos 10:15; Efesios 6:15) o el evangelio de *shalom*, el evangelio del Reino. De manera que debemos arrepentirnos y recibir el evangelio de la paz.

Estamos bajo un nuevo pacto cuando aceptamos el sacrificio de Cristo y sometemos nuestra vida bajo su autoridad. Pero cuando rechazamos a Cristo y su sacrificio, rechazamos su nuevo pacto y el *shalom* que buscamos; así como el pueblo de Israel lo rechazó cuando vino. En Lucas 19:41–42, Jesús lloró sobre Jerusalén, porque sabía que si lo rechazaban, no experimentarían *shalom*, sino la espada. Sabía que el enemigo los sitiaría y los asediaría alrededor, y que no quedaría piedra sobre piedra. Vendría guerra, hambre, pobreza, pestilencia y muerte.

Cuando rechazamos a Jesús, rechazamos nuestra única esperanza de paz y prosperidad.

DIOS ESTABLECIÓ UN PACTO
PARA PODER BENDECIRNOS

Debemos comprender cuánto desea Dios bendecir a su pueblo con paz. Él es el Dios de paz. Él es Jehová–*shalom*. Él es el Señor de nuestra prosperidad. Pero Israel no lo pudo ver aunque estaba justo delante de sus ojos y lo perdió. Ahora esta bendición le pertenece a la Iglesia del nuevo pacto. Nosotros heredamos la promesa de *shalom*: prosperidad, favor, paz, salud y seguridad; porque somos quienes entran en un nuevo pacto con Dios a través de la sangre de Cristo. Lo que Israel no pudo recibir en lo natural, lo recibimos nosotros en el espíritu. ¡Ahora nos pertenece!

Pacto significa fidelidad. Un esposo y una esposa deben serse fieles. El divorcio surge porque el pacto ha sido roto. Mantenga una relación de pacto con Dios. Existe una gran ventaja al hacerlo: la bendición viene con el pacto. Dios no solamente bendice a las personas por cualquier razón. Estar bajo un pacto con Dios es un contrato o una promesa de su paz, seguridad, favor, protección, salud y prosperidad. Dios no rompe sus promesas y su palabra no vuelve vacía (Números 23:19; Isaías 55:11).

El pacto con Dios es una bendición mutua. Dios obtiene un pueblo y nosotros tenemos un Dios (Levítico 26:12). Sin embargo, cuando Dios no tiene un pueblo, el pacto no tiene sentido. No podemos ser de Dios si no caminamos de acuerdo con su pacto. Él no puede reclamar propiedad y ponernos su nombre. Podemos orar por paz todo el año, pero sin Jesús, el Príncipe de Paz, nunca vendrá la *shalom*.

> A todos los que estáis en Roma, amados de Dios, llamados a ser santos: Gracia y paz a vosotros, de Dios nuestro Padre y del Señor Jesucristo.
>
> —Romanos 1:7

Observe para quiénes es la paz. Esta paz no está dirigida a un pueblo físico, sino a aquellos "llamados a ser santos". Los santos poseen el Reino de Dios. ¿Es usted santo? Esto es más que ser salvo. Los santos son los consagrados. No se refiere a que usted sea perfecto o a que no cometa errores. Significa que su estilo de vida es santo: que no practica un estilo de vida *pecaminoso*. En el Nuevo Testamento los santos caminaban en cierto nivel de santidad. No eran mentirosos, borrachos ni adúlteros. No maltrataban a los demás. Si usted no es un santo, no es salvo. El versículo dice: "Gracia (*charis*, favor) y paz a vosotros (los llamados a ser santos)". Si usted es santo, la prosperidad le pertenece, no por algo que haya hecho o no haya hecho; sino por lo que Jesús hizo por todos nosotros en el Calvario. Ese es el pacto de sangre.

CONFESIONES DEL PACTO

La *shalom*, la prosperidad y la paz me pertenecen por medio de Jesucristo.

Soy un santo de Dios.

Soy un hijo de Dios.

Tengo un pacto con Dios.

Mi pacto es un pacto de paz, prosperidad y bendición.

Yo camino en el pacto todos los días de mi vida.

Disfruto la *shalom*, la prosperidad, la paz y la seguridad todos los días de mi vida.

Yo caminaré en el pacto.

Seré fiel al pacto por medio de la sangre de Jesús.

Tengo un pacto de *shalom*, paz y prosperidad en mi vida.

ORACIONES PARA RECIBIR LAS BENDICIONES DE DEUTERONOMIO 28

Señor, Tú guardas tu pacto y misericordia con aquellos que te aman y guardan tus mandamientos (Éxodo 20).

Señor, Tú bendices a aquellos que obedecen tu voz y guardan tu pacto.

Señor, yo me tomo de tu pacto por medio de tu muerte y sacrificio.

Yo escojo la vida (bendición)
(Deuteronomio 30:19).

Que vengan tus bendiciones y me
alcancen (Deuteronomio 28:2).

Bendíceme en la ciudad y bendíceme
en el campo (Deuteronomio 28:3).

Bendice el fruto de mi vientre y bendice el
fruto de mi tierra (Deuteronomio 28:4).

Que mi canasta y mi artesa de amasar
sean benditas (Deuteronomio 28:5).

Bendíceme en mi entrar y bendíceme
en mi salir (Deuteronomio 28:6).

Que los enemigos de mi alma huyan por siete
caminos delante de mí (Deuteronomio 28:7).

Envía tu bendición sobre mis graneros y
sobre todo aquello en que ponga mi mano,
y bendice mi tierra (Deuteronomio 28:8).

Confírmame como un santo delante
de ti, Señor (Deuteronomio 28:9).

Que todos los pueblos vean que eres
invocado sobre mí (Deuteronomio 28:10).

Hazme sobreabundar en bienes
(Deuteronomio 28:11).

Abre sobre mí tu buen tesoro
y que la lluvia del cielo caiga en mi vida
y bendice la obra de mis manos
(Deuteronomio 28:12).

Que preste (dé) a muchas naciones y no
pida prestado (Deuteronomio 28:12).

Ponme por cabeza y no por cola
(Deuteronomio 28:13).

Permíteme estar encima y no debajo
(Deuteronomio 28:13).

ORACIONES PARA LA BENDICIÓN DE SALUD Y SANIDAD

Señor, bendice mi pan y mis aguas, y quita toda
enfermedad de en medio de mí (Éxodo 23:35).

Señor, bendice mi alimento y protégeme
de la enfermedad (Éxodo 23:25).

Señor, bendice mis ojos (visión)
y mis oídos (oído).

Señor, Señor, que el cuerpo que has creado y me
has dado sea bendecido, porque maravillosas
y formidables son tus obras (Salmo 139:14).

Señor, bendice mi sistema circulatorio, mi
sistema nerviosos, mi sistema endocrino, mi
sistema muscular y mi sistema esquelético.

Señor, que mis órganos sean bendecidos
y que cada parte de mi cuerpo funcione
de la manera que Tú planeaste.

Señor, que mi corazón lata con el ritmo de la vida.

Señor, Tú eres Jehová–*shalom*, mi paz, mi
salud y mi prosperidad (Jueces 6:24).

Señor, Tú eres Jehová–*sama*, que tu presencia
me dé vida y salud (Ezequiel 48:35).

Señor, bendice mi sangre, porque la
vida en la carne está en la sangre.

Señor, sáciame de larga vida y muéstrame
tu salvación (Salmo 91:16).

Señor, bendíceme con fuerza y no permitas
que esté enfermo (Salmo 105:37).

Señor, que mis manos y mis rodillas sean
firmes y fortalecidas (Isaías 35:3).

Te amo, oh Señor, fortaleza mía (Salmo 18:1).

Que tu poder se perfeccione en mi
debilidad (2 Corintios 12:9).

No confesaré debilidad; fuerte soy
(Joel 3:10).

Señor, alza sobre mí tu rostro (Números 6:26).

Señor muéstrame el bien y alza sobre
mí la luz de tu rostro (Salmo 4:6).

Señor, bendíceme y lléname de alegría
con tu presencia (Salmo 21:6).

Señor, lléname de gozo con tu
presencia (Hechos 2:28).

Señor, que tu gloria esté sobre mi
rostro (2 Corintios 3:7).

Señor, en tu rostro está la vida, tu benevolencia
es como nube de lluvia tardía (Proverbios 16:15).

Señor, no escondas tu rostro de mí
(Salmo 27:9).

Señor, haz resplandecer tu rostro sobre
mí, soy tu siervo (Salmo 31:16).

Señor, soy bienaventurado, pues mis
fuerzas están en ti (Salmo 84:5).

Que mi carne sea más tierna que la del niño
y que vuelva a los días de mi juventud
(Job 33:25).

Señor, soy bendecido con Abraham,
porque soy de fe (Gálatas 3:7–9).

Que mis ojos nunca se oscurezcan, ni
pierda mi vigor (Deuteronomio 34:7).

Señor, tu temor (reverencia) es medicina
a mi cuerpo y refrigerio para mis
huesos (Proverbios 3:7–8).

Que el temor a ti sea medicina para mi cuerpo
y refrigerio apara mis huesos (Proverbios 3:8).

Señor, guardaré tu Palabra en mis ojos
y en medio de mi corazón; que tus palabras
sean medicina a todo mi cuerpo
(Proverbios 4:21–22).

Señor, eres la salvación de mi rostro
(Salmo 43:5).

Señor, que tu salvación toque
mi vida (Salmo 67:2).

Señor, que mi salvación se deje
ver pronto (Isaías 58:8).

Señor, haz venir sanidad para mí y
sana mis heridas (Jeremías 30:17).

Señor, trae sanidad y cura cada área de mi vida,
y revélame abundancia de paz (Jeremías 33:6).

Señor, permíteme prosperar y tener salud,
así como prospera mi alma (3 Juan 1:2).

Señor, Tú eres el Sol de justicia, trae
salvación en tus alas (Malaquías 4:2).

Que mi alma (mente, voluntad y emociones)
sea sanada por tu misericordia (Salmo 41:4).

Señor, sana toda rotura de mi vida
(Salmo 60:2).

Señor, creo que todas mis iniquidades
son perdonadas y sanadas todas
mis dolencias (Salmo 103:3).

Señor, envía tu palabra para sanarme y
librarme de mi ruina (Salmo 107:20).

Que mi corazón sea pleno y venda
mis heridas (Salmo 147:3).

Capítulo 6

LA BENDICIÓN DE *SHALOM*

COMO SE MENCIONÓ en la introducción, activar las bendiciones de Dios involucra habitar en la paz o la *shalom* de Dios; la cual es una palabra que incluye prosperidad, seguridad, salud, protección, fertilidad y abundancia. De acuerdo con la definición hebrea, podemos sustituir la palabra *prosperidad* por *shalom* (paz).

La religión nos ha condicionado a creer que la vida debe estar llena de problemas y que un día, tarde o temprano, iremos al cielo y entonces tendremos paz. La paz no es solamente para el cielo, sino también para este momento en la tierra. Sus días no deben estar llenos de problemas; eso no quiere decir que no tendrá problemas, pero podemos decirle a los problemas que se vayan. No debe vivir una vida de preocupación y angustia. La paz es suya. La prosperidad es suya. Incluso en medio de problemas, todo ello no le quitará su paz.

Todo el mundo está buscando paz. Pero solamente hay un camino hacia la paz y es por medio de Jesús.

Él dice: "Yo soy el camino..." (Juan 14:6). Dios es Jehová–*shalom* (el SEÑOR es paz) (Jueces 6:24). Tener a Jesús en su corazón es el camino hacia la paz. Sin Jesús, no hay paz. Es entonces que viene la prosperidad, es entonces que viene la bendición. La paz es lo que usted posee como santo de Dios. Usted también es un pacificador y de acuerdo con Mateo 5:9, es bienaventurado. Usted lleva *shalom* adondequiera que va, porque Jesús está en su interior. Usted puede cambiar completamente la atmósfera de un lugar, porque el Príncipe de Paz vive en su interior. Este es su pacto.

> ¡Cuán hermosos son los pies de los que anuncian la paz, de los que anuncian buenas nuevas!
>
> —ROMANOS 10:15

El evangelio es que Jesús vino y murió para que pudiéramos experimentar la *shalom* de Dios. El castigo (el precio) de nuestra paz fue cargado sobre Él. Él fue azotado y crucificado para que pudiéramos tener paz. Todo aquel que cree en el Mesías y se somete a Él, puede tener paz.

Podemos tener prosperidad y vivir seguros, y todas las malas bestias serán echadas de nuestra vida. No seremos atormentados por demonios. Tendremos la bendición de Dios. Es la garantía de su pacto de paz. Le pertenece a los santos de Dios. Así que no importa qué tan mal estén las cosas, no permita que el enemigo se robe su paz y su *shalom*.

No importa lo que suceda, diga: "Jehová–*shalom*, Tú eres mi paz. Tú eres mi prosperidad. Tú eres quien me da *shalom*. Me niego a ser atormentado por el enemigo, engañado, agobiado, oprimido, pobre o arruinado. Me niego a no tener la paz de Dios, porque Jesús fue castigado por mi paz. Soy un santo de Dios. Estoy bajo el pacto. Tengo el derecho a la paz. Puedo caminar en ese pacto. Podrán caer mil a mi lado y diez mil a mi diestra, pero a mí no llegará, porque tengo un pacto de *shalom*".

Comprenda que esto no es algo que vendrá un día. Está aquí y es suyo. Jesús es el Príncipe de Paz. ¿Tiene a Jesús en su interior? Su paz es sobrenatural. Ya está hecho. Todo lo que debe hacer es caminar en fe y será suyo. Esta es la razón por la que vino Jesús.

LA PAZ DEL REINO EN UN MUNDO CAÓTICO

Porque el reino de Dios no es comida ni bebida, sino justicia, paz y gozo en el Espíritu Santo.

—ROMANOS 14:17

La paz es el Reino de Dios. Si usted no está en el Reino, entonces no tiene *shalom*. Si se considera hijo de Dios, pero continúa teniendo mucha confusión, algo anda mal. Un hijo de Dios está en paz con todos (Romanos 12:18; Hebreos 12:14). ¿Ama usted la paz? ¿Le gusta el desastre? Dios desea que la Iglesia sea un modelo de *shalom* para el mundo.

Cuando el mundo lucha por encontrar paz, ¿a dónde puede acudir? ¿A quién puede recurrir? ¿En dónde está el modelo de la paz? ¿Quién puede ser un modelo de paz para el mundo? ¿A qué grupo de personas de diferentes contextos, ya sean blancas o de color, judías o gentiles, que estén unidas en paz por el Príncipe de Paz puede mirar el mundo? Esto solamente sucede en un lugar: la Iglesia, donde el lobo mora con el cordero (Isaías 11:6; Isaías 65:25): una imagen que representa la entrada del Príncipe de Paz al corazón de la gente, a través de lo cual las personas pueden amar a quienes alguna vez las odiaron. No podemos ser hijos de Dios si odiamos a la gente. La iglesia es el lugar donde podemos mostrarle al mundo que vivimos en paz. Ese es nuestro llamado y por él seremos bendecidos ¡Bienaventurados los hacedores de *shalom* (los pacificadores)!

Algunas veces podemos involucrarnos tanto en contiendas que comenzamos a pensar que es normal tener problemas. Pero no lo es. Haga que los días de su vida sean de paz y llenos de bendición y prosperidad. Declare bendición y prosperidad sobre su vecino, su familiar atribulado y sus compañeros de trabajo.

Porque: El que quiere amar la vida y ver días buenos, refrene su lengua de mal, y sus labios no hablen engaño; apártese del mal, y haga el bien; busque la paz, y sígala.

—1 Pedro 3:10–11

Algunos no sienten que estén viviendo a menos que
batallen. Pero Jesús no murió para que usted vivie-
ra así. Podemos tener una buena vida, especialmen-
te cuando "refrenamos la lengua del mal". Cuide su
boca. No chismee, discuta, pelee o provoque confusión. Y no ande con quienes se comportan así. Busque
la paz. La paz es prosperidad. No podemos ser pros-
perados si no controlamos nuestra lengua. Una persona bendecida es alguien que sabe cuándo callar.
El Reino de Dios es una comunidad de paz. Los
salvos son personas pacíficas. Podemos no estar de
acuerdo con alguien y, sin embargo, estar en paz. Las
disputas no pertenecen a la casa de Dios o a la vida
de su pueblo. Santiago 3:17 dice: "Pero la sabiduría
que es de lo alto es primeramente pura, después pacífica, amable, benigna, llena de misericordia y de buenos frutos, sin incertidumbre ni hipocresía".

Cuando caminamos en la sabiduría de Dios, escu-
chamos del cielo y la voz de Dios, cuando obtene-
mos sabiduría de lo alto y no sabiduría terrenal y
carnal, cuando Cristo se convierte en nuestra sabiduría, entramos en la prosperidad. Uno de los beneficios de la sabiduría es la prosperidad. Proverbios 3:16
dice que las riquezas y honra están en la mano de los
sabios. Los sabios y prósperos son los que buscan la
paz.

Bienaventurados (aptos para disfrutar una
felicidad envidiable, espiritualmente prósperos de gozo de vida y satisfacción en el

favor y salvación de Dios, a pesar de su
condición externa) los pacificadores, porque
ellos serán llamados hijos de Dios.

—MATEO 5:9 (AMPLIFICACIÓN AÑADIDA)

La gente próspera abandona las peleas o la confusión, aun cuando no puedan presentar sus argumentos. Consideran que la contienda es perjudicial para su prosperidad. No le dan cabida en su vida. "Seguid la paz con todos…" (Hebreos 12:14).

La paz es uno de los frutos del Espíritu (Gálatas 5:22). Como hijos de Dios, la confusión y la contienda nos irritan y no van de acuerdo con nuestro espíritu. No podemos tolerarlo. No es *normal*. La Iglesia debe ser la comunidad *shalom* de Dios.

Si es posible, en cuanto dependa de vosotros, estad en paz con todos los hombres.

—ROMANOS 12:18

La gente próspera es gente pacífica. Ellos son bendecidos. Tienen más que suficiente. Aman la vida y sus días son buenos. Son ciudadanos del Reino celestial de Dios, porque han sido redimidos de las maldiciones del pecado y de la muerte.

CONFESIONES DE PAZ

Mi vida es buena y mis días son buenos,
porque mi lengua está alejada del mal.

Odio el mal y hago el bien,
y busco la paz.
Dedico mi vida a la paz y la prosperidad.
Viviré en paz, caminaré en paz y buscaré la paz.
Jesús es mi paz.
Soy una persona pacífica.
Él es mi Jehová–*shalom*, mi prosperidad y mi paz.
Caminaré en paz todos los días de mi vida.
Veré el bien, amaré la vida y
tendré muchos días buenos.
Soy bendecido y próspero, porque
soy una persona pacífica.

CONFESIONES DE LA BENDICIÓN DEL REINO

Estoy en el Reino por medio de la fe en
Cristo y recibo las bendiciones del Reino.
Recibo la herencia del Reino.
Recibo la liberación del Reino (Mateo 12:28).
Recibo la sanidad del Reino (Mateo 10:1).
Recibo la paz del Reino y camino
en ella (Romanos 14:17).
Recibo el gozo del Reino y camino
en él (Romanos 14:17).
Recibo la justicia del Reino y camino
en ella (Romanos 14:17).

Recibo el poder del Reino y
camino en él (Lucas 9:1).

Recibo la autoridad del Reino y
camino en ella (Lucas 9:1).

Recibo la comprensión de los
misterios del Reino (Mateo 13).

Primeramente busco el Reino y todo
lo demás me será añadido.

Habito y vivo en un Reino bendito
y recibo la bendición del Rey.

Recibo el favor del Rey.

Recibo la protección y la salvación del Rey.

Serviré al Rey todos los días de mi vida.

Soy un embajador del Rey.

He sido trasladado de las tinieblas al Reino
del Hijo amado de Dios (Colosense 1:13).

Estoy en el Reino de la luz.

Recibo el mosto y la leche del Reino (Joel 3:18).

Entro en el gozo del Reino.

CONFESIONES PARA LAS
BENDICIONES DE LA REDENCIÓN

Cristo es mi redención (1 Corintios 1:30).

Soy el redimido del Señor (Isaías 35:10).

He pasado de maldición a bendición,
porque fui redimido (Isaías 51:10).

El Señor es mi rescate (1 Timoteo 2:6).
He sido redimido de la maldición, y la bendición
de Abraham es mía (Gálatas 3:13–14).
Soy redimido de la pobreza, la
enfermedad y la muerte espiritual.
Soy redimido del hoyo y coronado de
favores y misericordias (Salmo 103:4).
Soy redimido de la maldición de la Ley.
Soy redimido de la maldición de la pobreza.
Soy redimido de las maldiciones de
la enfermedad y las dolencias.
Soy redimido de todas las maldiciones
de locura y la insensatez.
Soy redimido de las maldiciones
del temor y el terror.
Soy redimido de las maldiciones
del orgullo y la rebelión.
Soy redimido de las maldiciones de
la esquizofrenia (doble ánimo).
Soy redimido de las maldiciones
del rechazo y del abuso.
Soy redimido de las maldiciones
de la destrucción familiar.
Soy redimido de las maldiciones de
la brujería y de la idolatría.
Soy redimido de las maldiciones
del fracaso y la frustración.

Soy redimido de la maldición, el quebranto
y asombro (Deuteronomio 28:20).

Soy redimido de la mortandad
(Deuteronomio 28:21).

Soy redimido de la fiebre (Deuteronomio 28:22).

Soy redimido de la inflamación
(Deuteronomio 28:22).

Soy redimido del ardor (Deuteronomio 28:22).

Soy redimido de la sequía (Deuteronomio 28:22).

Soy redimido de la calamidad repentina
y del añublo (Deuteronomio 28:22).

Soy redimido del polvo y la ceniza
(Deuteronomio 28:23–24).

Soy redimido de ser derrotado delante de
mis enemigos (Deuteronomio 28:25).

Soy redimido de las aves del cielo y las
fieras de la tierra (Deuteronomio 28:26).

Soy redimido de los tumores, la sarna y
la comezón (Deuteronomio 28:27).

Soy redimido de la locura, ceguera y turbación
de espíritu (Deuteronomio 28:28).

Soy redimido de la opresión y el
robo (Deuteronomio 28:29).

Soy redimido de desfallecer
(Deuteronomio 28:32).

Soy redimido de la opresión y el
quebrantamiento (Deuteronomio 28:33).

Soy redimido de ser herido (Deuteronomio 28:35).

Soy redimido de ser motivo de horror, de refrán y de burla (Deuteronomio 28:37).

Soy redimido de sembrar y no recoger (Deuteronomio 28:38).

Soy redimido del gusano (Deuteronomio 28:39).

Soy redimido del aborto (Deuteronomio 28:4).

Soy redimido de que mi simiente vaya cautiva (Deuteronomio 28:41).

Soy redimido de la langosta (Deuteronomio 28:42).

Soy redimido de descender muy abajo (Deuteronomio 28:43).

Soy redimido de pedir prestado (Deuteronomio 28:44).

Soy redimido de ser por cola (Deuteronomio 28:44).

Soy redimido de ser perseguido y alcanzado por las maldiciones (Deuteronomio 28:45).

Soy redimido de las maldiciones que son por señal y por maravilla (Deuteronomio 28:46).

Soy redimido del hambre, de la sed, de la desnudez y de la falta de todas las cosas (Deuteronomio 28:48).

Soy redimido del yugo de hierro (Deuteronomio 28:48).

Soy redimido de los enemigos fieros (Deuteronomio 28:49–50).

Soy redimido del devorador (Deuteronomio 28:51).

Soy redimido del sitio (Deuteronomio 28:52).

Soy redimido del apuro (Deuteronomio 28:53).

Soy redimido de las plagas (Deuteronomio 28:59).

Soy redimido de todos los males
(Deuteronomio 28:60).

Soy redimido de ser mirado con malos
ojos (Deuteronomio 28:56).

Soy redimido de la opresión
(Deuteronomio 28:55).

Soy redimido de enfermedades malignas
y duraderas (Deuteronomio 28:59).

Soy redimido de las enfermedades que
no me dejan (Deuteronomio 28:60).

Soy redimido de toda enfermedad que no
está escrita (Deuteronomio 28:61).

Soy redimido de las dolencias
(Deuteronomio 28:62).

Soy redimido de ser esparcido
(Deuteronomio 28:64).

Soy redimido de servir a dioses
ajenos (Deuteronomio 28:64).

Soy redimido de un corazón temeroso, del
desfallecimiento de ojos y de la tristeza
de alma (Deuteronomio 28:65).

Soy redimido del temor de día
(Deuteronomio 28:66).

Soy redimido del temor de noche
(Deuteronomio 28:66).

Soy redimido de la duda (Deuteronomio 28:66).

Soy redimido de volver a Egipto
(Deuteronomio 28:68).

Mi alma es redimida y no estará
sola (Salmo 25:16).

Mi Redentor es fuerte, Él juzgará
mi causa (Proverbios 23:11).

No temeré, porque mi Redentor
me socorre (Isaías 41:14).

Mi Redentor me enseña provechosamente
y me encamina por el camino que
debo seguir (Isaías 48:17).

Mi Redentor me tiene misericordia y
compasión eternas (Isaías 54:8).

Mi Redentor ha apartado mi
iniquidad (Isaías 59:20).

El Señor me ha redimido de mis
angustias (Salmo 25:22).

Encomiendo mi espíritu en las manos
de mi Redentor (Salmo 31:5).

Mi Redentor me ayuda (Salmo 44:26).

Mi Redentor me ha liberado del poder
de la muerte (Salmo 49:15).

Me alegro y canto, porque el Señor
me ha redimido (Salmo 71:23).

Soy redimido del engaño y la
violencia (Salmo 72:14).

Mi Redentor se acuerda de mí (Salmo 74:2).

Soy redimido del poder del enemigo, de
quienes me odian (Salmo 107:2).

Soy redimido de todos mis pecados (Salmo 130:8).

Soy convertido y redimido con
justicia (Isaías 1:27).

No hay león ni fiera en mi camino,
soy redimido (Isaías 35:9).

Mis transgresiones han sido borradas
por mi Redentor (Isaías 44:22).

Que los cielos y la tierra griten con júbilo,
porque he sido redimido (Isaías 44:23).

He vuelto a Sion cantando y gozo
perpetuo hay sobre mi cabeza, porque
he sido redimido (Isaías 51:11).

Tengo gozo y alegría; el dolor y el gemido han
huido, porque soy redimido (Isaías 51:11).

He sido rescatado sin dinero
(Isaías 52:3).

Todas mis soledades cantarán alabanzas,
porque he sido redimido (Isaías 52:9).

Mamaré la leche de las naciones porque
he sido redimido (Isaías 60:16).

Soy santo, pues he sido redimido
(Isaías 62:12).

He sido liberado de la mano de los malos
porque soy redimido (Jeremías 15:21).

He sido redimido y rescatado de mano del
más fuerte que yo (Jeremías 31:11).

El Señor ha redimido mi vida
(Lamentaciones 3:58).

Seguiré siendo multiplicando, pues
soy redimido (Zacarías 10:8).

El Señor me ha visitado y redimido (Lucas 1:68).

He sido redimido y purificado de
toda iniquidad (Tito 2:14).

Cantaré un cántico nuevo, pues soy
redimido (Apocalipsis 14:3).

He sido redimido con brazo
extendido (Éxodo 6:6).

He llegado a Sion, la morada santa, porque
he sido redimido (Éxodo 15:13).

He sido redimido por el gran poder del Señor
y por su mano poderosa (Nehemías 1:10).

Tengo abundante redención (Salmo 130:7).

Soy justificado gratuitamente por su
gracia y mediante la redención que es
en Cristo Jesús (Romanos 3:24).

Cristo Jesús es mi redención (1 Corintios 1:30).

Tengo redención por su sangre, el
perdón de pecados, según las riquezas
de su gracia (Efesios 1:7).

ORACIONES PARA LAS BENDICIONES DE *SHALOM*

Que conozca el camino de paz (Romanos 3:17).

Que el Dios de paz esté conmigo (Romanos 15:33).

Que la misericordia, la paz y el amor
me sean multiplicados (Judas 1:2).

Sea paz a mí, y paz a mi familia, y paz a
todo cuanto tengo (1 Samuel 25:6).

Oh Señor, levanta tu rostro sobre mí
y pon en mí paz (Números 6:26).

Gracias Señor, por establecer tu pacto
de paz conmigo (Números 25:12).

Me apartaré del mal y haré el bien, buscaré
la paz y la seguiré (Salmo 34:14).

Has redimido mi alma en paz de la
guerra contra mí (Salmo 55:18).

Tu ley me da mucha paz y no hay nada
que me haga tropezar (Salmo 119:165).

Que la paz sea dentro de mis muros
y el descanso (prosperidad) dentro
de mis palacios (Salmo 122:7).

Señor, Tú das paz en mi territorio, sáciame
con lo mejor del trigo (Salmo 147:14).

Yo me ocupo del Espíritu; por lo tanto, la
vida y la paz son mías (Romanos 8:6).

Señor, Tú no eres Dios de confusión,
sino de paz (1 Corintios 14:33).

Tú, oh Señor, eres mi paz y me haz
hecho uno contigo (Efesios 2:14).

Que mi casa sea considerada digna, de manera
que tu paz venga sobre ella (Mateo 10:13).

La paz que me das no es como el
mundo la da; por lo tanto, mi corazón
no se turbará (Juan 14:27).

Me volveré en amistad contigo y tendré
paz, y me vendrá el bien (Job 22:21).

Gracias Señor por bendecirme con
poder y paz (Salmo 29:11).

Oro por ser manso y recrear
abundancia de paz (Salmo 37:11).

Permíteme ser como el íntegro y justo, porque
el final de aquel hombre es paz (Salmo 37:11).

Que mi pensamiento persevere en
ti, y me guardarás en perfecta paz,
porque confío en ti (Isaías 26:3).

Señor, Tú me das paz (Isaías 26:12).

Habitaré en morada de paz, en habitaciones
seguras y en recreos de reposo (Isaías 32:18).

Mis hijos serán enseñados por el Señor y
se multiplicará su paz (Isaías 54:13).

Que tu paz guarde mi corazón y mis
pensamientos (Filipenses 4:7).

Habla paz para mí, Dios, y no permitas
que vuelva a la locura (Salmo 85:8).

Oro que mis caminos te sean agradables,
Señor, de manera que hagas a mis enemigos
estar en paz conmigo (Proverbios 16:7).

Tus pensamientos acerca de mí son
pensamientos de paz (Jeremías 29:11).

Tráeme sanidad y medicina, oh Señor, y revélame
la abundancia de paz y de verdad (Jeremías 33:6).

Seguiré aquello que contribuye a
la paz (Romanos 14:19).

El Dios de paz aplastará a Satanás
bajo mis pies (Ezequiel 37:26).

CAPÍTULO 7

LA BENDICIÓN DE DECLARAR: "¡NUNCA MÁS!"

HEMOS LLEGADO AL capítulo final de este libro. Ya debe haber comenzado a sentir los cielos abiertos en su vida. Ahora, deseo que repita conmigo: "Las cosas nunca serán iguales en mi vida, en el nombre de Jesús!". ¡Las confesiones que usted pronunciará en voz alta en este capítulo cambiarán su vida y lo ayudarán a terminar con la derrota y el fracaso!

Incluso el Señor dijo: "Nunca más".

> Y me acordaré del pacto mío, que hay entre mí y vosotros y todo ser viviente de toda carne; y no habrá más diluvio de aguas para destruir toda carne.
>
> —GÉNESIS 9:15

El Señor le prometió a Noé que "nunca más" volvería a destruir la tierra con un diluvio. Moisés le dijo al pueblo de Israel que ya no verían a Faraón.

> Y Moisés dijo al pueblo: No temáis; estad firmes, y ved la salvación que Jehová hará hoy con vosotros; porque los egipcios que hoy habéis visto, nunca más para siempre los veréis.
>
> —ÉXODO 14:13

En otras palabras, el Faraón *nunca más* volvería a oprimirlos. Esta fue la palabra que el Señor le dio primero a Moisés y más tarde al pueblo. Yo sé que lo que Dios hace es definitivo. Nada puede añadirse o quitarse. "Los enemigos han perecido; han quedado desolados para siempre y las ciudades que derribaste, su memoria pereció con ellas" (Salmo 9:6). Las ciudades fueron destruidas por el juicio de Dios y nunca se levantaron de nuevo. Los reyes fueron quitados de sus tronos para jamás volver a ellos.

Jesús les dijo a sus discípulos: "Y a ti te daré las llaves del reino de los cielos; y todo lo que atares en la tierra será atado en los cielos; y todo lo que desatares en la tierra será desatado en los cielos. (Mateo 16:19; vea también Mateo 18:18).

Como creyente, usted tiene autoridad para desatar y para atar. No permita que el enemigo controle su vida. Póngase en la brecha contra el maligno. Utilice la autoridad que le ha sido dada en el nombre de Jesús. Hágalo con el poder del Espíritu Santo. No le dé lugar al enemigo. Levántese en fe y confiese que cree. Ejercite su autoridad contra las fuerzas de las

tinieblas y experimentará las bendiciones de Dios. Es
tiempo de que declare: "¡Nunca más!".

NUNCA MÁS PERMITIRÉ QUE SATANÁS CONTROLE MI VIDA

El Faraón (Satanás) nunca más me controlará,
porque he sido liberado de su poder.

Nunca más seré esclavo de Satanás;
ahora soy siervo de Cristo.

Nunca más permitiré que el enemigo haga
su voluntad en mi vida, sino que resistiré
al diablo y huirá de mí (Santiago 4:7).

Nunca más escucharé o creeré las mentiras
del diablo, porque habla mentira y es
padre de mentira (Juan 8:44).

Nunca más escucharé la voz del malvado.

Nunca más seré atormentado por
espíritus inmundos (Lucas 6:18).

Nunca más seré agobiado por el
enemigo (Mateo 9:36).

Nunca más seré atado, pues Cristo me ha hecho
libre. Soy verdaderamente libre (Juan 8:36).

Los espíritus nunca más operarán
en mi vida ni la controlarán.

Nunca más permitiré que los espíritus
de temor controlen mi vida.

Nunca más permitiré que los espíritus del
orgullo me envanezcan (1 Corintios 4:6).

Nunca más permitiré que los espíritus
de lujuria operen en mis miembros.

Nunca más permitiré que los espíritus de
religión me hagan actuar con religiosidad.

Nunca más permitiré que los espíritus
de doble ánimo me confundan y me
hagan inconstante (Santiago 1:8).

Nunca más permitiré que los espíritus
de rechazo controlen mi vida

Nunca más permitiré que la desobediencia
y la rebelión controlen mi vida.

Nunca más permitiré que las maldiciones
obstaculicen mi vida, porque he sido
redimido de la maldición (Gálatas 3:13).

Nunca más les abriré la puerta a los demonios
que deseen entrar en mi vida a través de
la falta de perdón (Mateo 18:35).

Nunca más les abriré la puerta a los demonios
que deseen hacer normal el pecado en mi vida.

Nunca más les abriré la puerta a los espíritus
que deseen traer a mi vida relaciones ocultas.

Nunca más les abriré la puerta a los
espíritus que deseen entrar a través
de la rebeldía y desobediencia.

Nunca más permitiré que un demonio
controle mis pensamientos; yo cortó todos
los tentáculos del control mental.

La serpiente y el escorpión nunca más afectarán mi vida, porque tengo poder para hollar serpientes y escorpiones.

Nunca más seré atormentado por el enemigo.

El enemigo nunca más será mi amo; Jesús es mi Señor.

Nunca más toleraré las obras del diablo en mi vida, porque para esto apareció Jesús, para deshacer las obras del diablo (1 Juan 3:8).

Nunca más permitiré que la pasividad me mantenga inactivo.

Nunca más estaré debajo, sino encima solamente (Deuteronomio 28:13).

Nunca más seré maldecido y caminaré en bendición porque la bendición de Abraham es mía (Gálatas 3:13–14).

Nunca más le diré sí al enemigo.

Nunca más estaré de acuerdo con las mentiras del diablo.

Nunca más comprometeré mis valores ni mi santidad; la Palabra de Dios es mi modelo, no los modelos del mundo (2 Corintios 10:12).

Nunca más seré hipócrita (Marcos 7:6).

Nunca más condenaré a los inocentes (Mateo 12:7).

Nunca más daré lugar al diablo (Efesios 4:27).

Nunca más permitiré que el enemigo
controle mi voluntad, sino que me
someteré a la voluntad de Dios.

Nunca más permitiré que el enemigo controle
mis emociones, sino que conformaré mis
emociones al gozo y la paz de Dios.

Nunca más permitiré que el enemigo
controle mi carácter sexual, sino que
renovaré mi entendimiento con la
Palabra de Dios (Romanos 12:1).

Nunca más permitiré que el enemigo controle
mi vida, sino que renovaré mi entendimiento
con la Palabra de Dios (Romanos 12:2).

Nunca más permitiré que el enemigo
controle mi apetito, sino que le daré al
Espíritu Santo control sobre él.

Nunca más permitiré que el enemigo
controle mi mente, sino que le daré el
control de mi lengua al Espíritu Santo.

Nunca más permitiré que el enemigo
controle ningún área de mi vida,
porque mi vida está bajo el control
del Espíritu Santo y la Palabra de Dios.

Nunca más permitiré que el enemigo
controle mi destino, porque Dios es
quien revela y cumple mi destino.

Nunca más permitiré que el enemigo suspenda
cualquier plan de Dios para mi vida.

Nunca más permitiré que la gente me aleje
del amor de Dios, sino que me
comprometo a caminar en amor, porque
Dios es amor (1 Juan 4:7–8).

Nunca más cerraré mi corazón
compasivo (1 Juan 2:17).

Nunca más haré nada indebido, porque el amor
no hace nada indebido (1 Corintios 13:5).

Nunca más me irritaré, porque el amor
no se irrita (1 Corintios 13:5).

Nunca más buscaré lo mío, porque el amor
no busca lo suyo (1 Corintios 13:5).

Nunca más guardaré rencor, porque el amor
no guarda rencor (1 Corintios 13:5).

Nunca más dejaré de esperar, porque el
amor todo lo espera (1 Corintios 13:7).

Nunca más me rendiré, porque el amor
lo soporta todo (1 Corintios 13:7).

Nunca más actuaré ni pensaré como
niño (1 Corintios 13:11).

Nunca más tendré una actitud pasiva con
los dones espirituales, porque deseo los
dones espirituales (1 Corintios 14:1).

Nunca más dejaré que el acusador
me condene, porque he sido lavado
y emblanquecido en la sangre del
Cordero (Apocalipsis 1:5; 7:14).

Nunca más permitiré que la voz del lloro y del
clamor controlen mi alma, porque el Señor se ha
llevado mi tristeza y mi dolor (Isaías 65:19).

Nunca más trabajaré ni daré a
luz en vano (Isaías 65:23).

Los cielos nunca más estarán cerrados
para mí, porque el Señor ha abierto las
ventanas de los cielos (Malaquías 3:10).

NUNCA MÁS PERMITIRÉ QUE SATANÁS CONTROLE MIS FINANZAS

Nunca más permitiré que la pobreza y la
carencia controlen mi vida, porque mi Dios suple
todo lo que me falta conforme a sus riquezas
en gloria en Cristo Jesús (Filipenses 4:19).

Nunca más tendré escasez, porque
tengo abundancia (Génesis 27:28).

Nunca más tendré carencia, porque tendré
plata en abundancia (Job 22:25).

Nunca tendré falta, porque tendré
sobreabundancia de bienes (Deuteronomio 28:11).

Nunca más me faltará nada, porque prosperaré
conforme a profecía (Esdras 6:14).

Nunca más sembraré sin cosechar, sino que
segaré donde otros han sembrado (Juan 4:28).

Nunca más recibiré mi jornal en
saco roto (Hageo 1:6).

Nunca más me faltará la gloria (*kabowd*),
el honor, la abundancia, las riquezas,
el esplendor, la gloria, la dignidad, la
reputación y la reverencia (Salmo 84:11).

Nunca más seré pobre, porque el Señor se
hizo pobre, para que por su pobreza yo
fuera enriquecido (2 Corintios 8:9).

Nunca más viviré sin los deseos de mi
corazón, porque me deleito asimismo
en el Señor (Salmo 37:4).

Nunca más permitiré que la cicatería controle mi
vida, porque soy generoso (Proverbios 11:25).

Nunca más permitiré que el enemigo devore
mis finanzas, porque el Señor ha reprendido
al devorador por mí (Malaquías 3:11).

Nunca más dejaré de dar, porque cuando
doy, me es dado; medida buena, apretada,
remecida y rebosando (Lucas 6:38).

Nunca más permitiré que el temor
me impida dar.

Nunca más permitiré que las deudas controlen
mi vida, porque le prestaré a naciones y no
pediré prestado, porque el que toma prestado
es siervo del que presta (Proverbios 22:7).

Nunca más permitiré que la duda ni la
incredulidad me detengan de creer en las
promesas de Dios (Hebreos 3:19).

Mi pensamiento nunca más estará en la pobreza
y la escasez, porque cual es el pensamiento
del hombre, tal es él (Proverbios 23:7).

Mi canasta y mi artesa de amasar
nunca más estarán vacías, porque serán
bendecidas (Deuteronomio 28:5).

Nunca más permitiré que la pereza y la flojera
dominen mi vida, porque la pereza hace caer
en profundo sueño (Proverbios 19:15).

Nunca más dejaré que Satanás hurte mis finanzas,
porque tengo una vida en abundancia (Juan 10:10).

Nunca más limitaré lo que Dios puede llevar a
cabo en mis finanzas y en mi vida (Salmo 78:41).

Nunca más toleraré la escasez, porque Dios
me da en abundancia (Deuteronomio 28:47).

Nunca más tendré solamente lo
suficiente, porque El-Shaddai me da más
que suficiente (Génesis 17:1–2).

Nunca más utilizaré mi dinero para
fines pecaminosos (Ezequiel 16:17).

Nunca más dejaré que el enemigo
retrase mis bendiciones.

Nunca más dudaré del deseo que Dios
tiene de prosperarme, porque el Señor ama
la paz de su siervo (Salmo 35:27).

Nunca más se me pondrá por cola y no
por cabeza (Deuteronomio 28:13).

Nunca más pediré prestado,
sino que prestaré (Deuteronomio 28:12).

Nunca más estaré detrás
y no en frente (Deuteronomio 25:18).

Nunca más creeré que no tengo el poder
para hacer riquezas, porque Dios me da
el poder para hacer riquezas a fin de
confirmar su pacto (Deuteronomio 8:18).

Nunca más me faltará ningún bien, porque
buscaré al Señor (Salmo 34:10).

Nunca más me faltará la prosperidad;
todo lo que haga prosperará,
porque mi delicia está en la ley
del Señor (Salmo 1).

Nunca más faltará ungüento sobre
mi cabeza (Eclesiastés 9:8).

Nunca más permitiré que las circunstancias
se roben mi gozo, porque el gozo del
Señor es mi fuerza (Nehemías 8:10).

Nunca más me faltará el favor en mi vida,
porque el favor del Señor me rodeará
como un escudo (Salmo 5:12).

Nunca más satisfaré los deseos
de la carne en lugar de andar en
el Espíritu (Gálatas 5:16).

Nunca más permitiré que mi carne haga su
voluntad. Estoy crucificado junto con Cristo.

Nunca más caminaré en las obras de la carne, sino que manifestaré los frutos del Espíritu (Gálatas 5:22–23).

Nunca más seré débil, pues fuerte soy (Joel 3:10).

Nunca más seré oprimido, porque estoy lejos de la opresión (Isaías 54:14).

Nunca más seré oprimido.

Nunca más oprimido y atormentado por demonios, porque he sido librado de la potestad de las tinieblas y trasladado al Reino del Hijo amado de Dios (Colosenses 1:13).

NUNCA MÁS PERMITIRÉ QUE EL PECADO DOMINE MI VIDA

Nunca más amaré o disfrutaré el pecado.

Nunca más permitiré que el pecado reine en mi cuerpo (Romanos 6:12).

Nunca más abandonaré la santidad (Hebreos 12:14).

Nunca más permitiré que la concupiscencia me domine (2 Pedro 1:4).

Nunca más presentaré mis miembros como instrumentos de iniquidad, sino como instrumentos de justicia (Romanos 6:13).

Nunca más permitiré guerras en mis miembros que provoquen que combata con mis hermanos y hermanas (Santiago 4:1).

Nunca más permitiré que la fornicación,
la impureza, las pasiones desordenadas, los
malos deseos y la avaricia, que es idolatría,
operen en mis miembros (Colosenses 3:5).
Nunca más pecaré contra mis
hermanos (1 Corintios 8:12).
Nunca más haré acepción de personas,
porque es pecado (Santiago 2:9).
Nunca más me uniré en yugo
desigual (2 Corintios 6:14).
Nunca más permitiré que los pecados
sexuales reinen en mi vida.
Nunca más les permitiré a mis ojos mirar
cosas perversas, sino que haré pacto con mis
ojos para no ver cosa malvada (Job 31:1).
Nunca más permitiré que la perversión o
la inmoralidad sexual controlen mi vida.
Huyo de la fornicación (1 Corintios 6:18).
Nunca más disfrutaré lo que el Señor
prohíbe (2 Corintios 6:17).
Nunca más actuaré de manera
inapropiada con el género opuesto.
Nunca más permitiré que la mundanería
y la carnalidad controlen mi vida
(1 Juan 2:15).
Nunca más me conformaré a este
siglo (Romanos 12:2).

Nunca más permitiré que la ira controle mi vida, sino que seré tardo para airarme y no pecaré (Proverbios 16:32; Santiago 1:19).

Nunca más permitiré que el sol se ponga sobre mi enojo (Efesios 4:26).

Nunca más permitiré que la furia se manifieste en mi vida.

Nunca más perderé las riendas de mi temperamento, porque el hombre cuyo espíritu no tiene rienda es como una ciudad derribada y sin muro (Proverbios 25:28).

Nunca más me molestará el éxito de otra persona, sino que me gozaré de su éxito (Romanos 12:10, 15).

Nunca más seré posesivo o controlador con otra persona.

Nunca más permitiré que otra persona me controle o domine.

Nunca permitiré que el egoísmo me domine.

Nunca más permitiré la desobediencia ni la rebeldía en mi vida, sino que seré dispuesto y obediente, y comeré el bien de la tierra (Isaías 1:19).

Nunca más permitiré que la adicción controle mi apetito, sino que seré templado en todo (2 Corintios 9:25).

Nunca más permitiré la falta de perdón y la amargura controlen mi vida (Efesios 4:31).

Nunca más permitiré que el desánimo
y la depresión controlen mi vida,
sino que lo alabaré a Él, salvación
mía y Dios mío (Salmo 42:5).

Nunca más aborreceré. No soy
un homicida (1 Juan 3:15).

Nunca más dejaré que las rencillas tomen
mis relaciones (Proverbios 10:12).

Nunca más permitiré que el enojo repose
en mi seno, porque el enojo reposa en el
seno de los necios (Eclesiastés 7:9).

Nunca más tendré envidia, porque el amor
no tiene envidia (1 Corintios 13:4).

Nunca más permitiré que los celos y la envidia
entren en mi corazón, porque la envidia es
carcoma de los huesos (Proverbios 14:30).

Nunca más permitiré que la malicia
opere en mi vida, sino que caminaré con
sinceridad y verdad (1 Corintios 5:8).

NUNCA MÁS PERMITIRÉ QUE MI CUERPO SEA UTILIZADO POR EL ENEMIGO

Nunca más le cederé mi cuerpo a la fornicación.
Mi cuerpo es el templo del Espíritu Santo.

Nunca más le cederé mi cuerpo a la
bebida y a la glotonería. No vendré
a pobreza (Proverbios 23:21).

121

Nunca más permitiré que ninguna
sustancia nociva entre en mi cuerpo.

Nunca más permitiré la pereza o la flojera en
mi cuerpo, porque la negligencia del hombre
lo hará tributario (Proverbios 12:24).

Nunca más aceptaré enfermedades
ni dolencias, porque por las llagas de
Cristo soy sanado (1 Pedro 2:24).

Nunca más uniré mi cuerpo con nadie
más que mi cónyuge, porque he sido
salvo y liberado de la inmoralidad
sexual (1 Corintios 6:16).

Nunca más someteré mi cuerpo a propósitos
impuros, porque mi cuerpo es el templo
del Espíritu Santo (1 Corintios 3:16).

Nunca más destruiré mi cuerpo,
el cual es el templo de Dios (1 Corintios 3:17).

NUNCA MÁS PERMITIRÉ QUE EL TEMOR ME DETENGA

Nunca más tendré temor,
porque el Señor me libró de todos
mis temores (Salmo 34:4).

Nunca más temeré lo que me pueda
hacer el hombre, porque el Señor es
mi ayudador (Hebreos 13:6).

Nunca más seré atormentado por
el temor (1 Juan 4:18).

Nunca más temeré al enemigo, porque yo
huello serpientes y escorpiones, y sobre
toda fuerza del enemigo (Lucas 10:19).

Nunca más temeré a la magia (Hechos 13:8–11).

Nunca más temeré hacer lo que
Dios me dice que haga.

Nunca más temeré a mis enemigos
(Salmo 27:2).

Nunca más temeré ir a donde el Señor me
envíe. Heme aquí, envíame a mí (Isaías 6:8).

Nunca más temeré la profecía, sino que
procuraré profetizar (1 Corintios 14:39).

Nunca más temeré echar fuera
demonios (Marcos 16:17).

Nunca más temeré ser rechazado,
porque soy acepto en el Amado (Efesios 1:6).

Nunca más temeré buscar lo que
se ha perdido (Lucas 19:10).

Nunca más temeré llevar a cabo lo que
Dios me ordena (Hechos 5:29).

NUNCA MÁS PERMITIRÉ QUE EL ORGULLO CONTROLE MI VIDA

Nunca más permitiré que el orgullo
(Leviatán) controle mi vida (Job 41).

Nunca más permitiré que mi corazón sea
firme como una piedra (Job 41:24).

Nunca más permitiré que el poder del
Espíritu Santo *no* fluya en mi vida.
Las escamas del Leviatán han sido
arrancadas de mi vida (Job 41:15).

Nunca más permitiré que la obstinación
controle mi vida, porque la obstinación
es rebelión e idolatría, y no seré duro
de cerviz (1 Samuel 15:23).

Nunca más caminaré en envidia ni
en vanagloria (Gálatas 5:26).

Nunca más tendré celos amargos (Santiago 3:14).

Nunca más me jactaré en mis
soberbias (Santiago 4:16).

Nunca más haré tropezar a otro (Malaquías 2:8).

Nunca más caminaré en tropiezo (Salmo 119:165).

Nunca más me embriagaré con vino (Efesios 5:18).

NUNCA MÁS PERMITIRÉ QUE SALGAN DE MI BOCA PALABRAS DESHONESTAS

Nunca más permitiré que salgan de mi boca
palabras de duda o incredulidad (Marcos 11:23).

Nunca más permitiré que mi boca este llena de
maldición y de amargura (Romanos 3:14).

Nunca más permitiré que salga de mi boca
palabra corrompida (Efesios 4:29).

Nunca más permitiré que salga mentira
de mi boca (Efesios 4:25).

Nunca más permitiré que salga
maledicencia de mi boca (Efesios 4:31).

Nunca más permitiré que la murmuración
sea parte de mi vida (2 Corintios 12:20).

Nunca más murmuraré ni me
quejaré (Filipenses 2:14).

Nunca más permitiré que mi boca salga de control,
sino que refrenaré mi lengua (Santiago 1:26).

Nunca más permitiré que salgan palabras
deshonestas de mi boca (Colosenses 3:8).

Nunca más permitiré que salga
crítica de mi boca.

Nunca más permitiré que mi boca
hable engaño (Salmo 34:13).

Nunca más permitiré chisme en
mi vida (Levítico 19:16).

Nunca más callaré cuando sea tiempo
de hablar (Eclesiastés 3:7).

Nunca más hablaré cuando sea tiempo
de callar (Eclesiastés 3:7).

Nunca más permitiré que lo que otros digan
acerca de mí controle mi vida (Hechos 19:9).

Nunca más permitiré que la maldición
obstaculice mi vida, porque la maldición sin
causa nunca vendrá (Proverbios 26:2).

Nunca más seré engañado por la blandura
de la lengua (Proverbios 6:24).

Nunca más escucharé la voz del
enemigo (Salmo 55:3).

Nunca más andaré en consejo
de malos (Salmo 1:1).

Nunca más recibiré una falsa enseñanza
o falsa doctrina, porque la unción
me enseña (1 Juan 2:27).

Nunca más DEJARÉ de escuchar las
palabras de los sabios (Proverbios 22:17).

Nunca más evitaré el castigo de
quienes me aman (Salmo 141:5).

Nunca más escucharé a la gente rebelde.

Nunca más pronunciaré confesiones
negativas, porque la vida y la muerte están
en poder de la lengua (Proverbios 18:21).

Nunca más confesaré enfermedad ni dolencia,
porque Jesús las tomó (Mateo 8:17).

Nunca más confesaré pobreza o
escasez, no me enlazaré con las palabras
de mi boca (Proverbios 6:2).

Nunca más confesaré derrota.
Por un camino saldré contra mis
enemigos, y por siete caminos huirán
ellos de mí (Deuteronomio 28:25).

Nunca más confesaré temor,
porque Dios no me ha dado un espíritu
de cobardía (2 Timoteo 1:7).

Nunca más confesaré fracaso, porque meditaré
en la Palabra. Soy próspero (Josué 1:8).
Nunca más permitiré que los montes
me obstruyan, les hablaré con fe y
se quitarán (Marcos 11:23).
Nunca más diré: "No puedo", porque todo lo
puedo en Cristo que me fortalece (Filipenses 4:13).
Nunca más daré excusas para el
fracaso (Génesis 3:12).
Nunca más temeré hablar las palabras
del Señor, hablaré lo que el Señor me
diga que hable (Ezequiel 2:7).
Nunca más temeré hablar o caminar en la
revelación que Dios me dé (1 Corintios 4:1).
Nunca más perderé de vista las profecías
que se hicieron antes en cuanto a mí, sino
que conforme a las profecías que se hicieron
militaré la buena milicia (1 Timoteo 1:18).

CASA
CREACIÓN

www.casacreacion.com

f @CASACREACION

𝕏 @CASACREACION

⊙ @CASACREACION

Para vivir la Palabra